我
们
一
起
解
决
问
题

高效执行方程式

毕 礌◎著

人民邮电出版社

北 京

图书在版编目（CIP）数据

高效执行方程式 / 毕磊 著. -- 北京：人民邮电
出版社，2024.1（2024.5重印）
ISBN 978-7-115-63478-8

Ⅰ．①高… Ⅱ．①毕… Ⅲ．①企业管理 Ⅳ．
①F272

中国国家版本馆CIP数据核字(2024)第006191号

内 容 提 要

在职场上，"高效执行"就是优秀的代名词，是企业对内部团队和个人的最高要求之一。随着科技的进步，时代的发展，"高效执行"的内涵正在悄然发生变化。在步入人工智能时代的今天，"高效执行"更注重变化和创新。

本书是毕磊博士深耕管理领域多年的最新研究成果。作者从管理者的角度出发，深入分析了管理者怎么做才能有效锻造和提升执行者的执行力，让他们都成为高效执行者。为此，作者建立了"高效执行方程式"模型 $EE=R \times T \times E \times F$。作者形象地总结出高效执行所需要的四个变量：变量 R——"让执行者知道"，变量 T——"令执行者可以"，变量 E——"使执行者愿意"，变量 F——"教执行者安心"。基于这个模型作者进一步开创性地打造了"知道五元素""可以四边形""愿意金三角""安心两仪图"等应用模型。本书最大的特点是其独特的视角和生动的案例分析。

这是一本从管理者的角度出发，写给管理者的、能够帮助管理者有效提升下属执行力的工具书，适合各类企业的各级管理者阅读，具有很强的实用性。

◆　　　 著　　毕　磊
　　　 责任编辑　贾淑艳
　　　 责任印制　彭志环
◆人民邮电出版社出版发行　　北京市丰台区成寿寺路 11 号
　　邮编 100164　电子邮件 315@ptpress.com.cn
　　网址 https://www.ptpress.com.cn
　　北京虎彩文化传播有限公司印刷
◆开本：880×1230　1/32
　　印张：8　　　　　　　　　　　2024 年 2 月第 1 版
　　字数：115 千字　　　　　　　 2024 年 5 月北京第 3 次印刷

定　价：55.00 元
读者服务热线：（010）81055656　印装质量热线：（010）81055316
反盗版热线：（010）81055315
广告经营许可证：京东市监广登字 20170147 号

激发下属高效执行的管理智慧

我和毕礴相识于 2006 年，彼时他正在攻读兰州大学工商管理硕士（MBA）学位，闲暇之余少不了碰撞一下彼此对经济和管理的认识和理解，自是一番笑语纵横、抵掌谈兵的欢畅。他是一个非常智慧和勤勉的管理者。知悉他从法国博士毕业归来再次创业，我着实为他感到高兴。《高效执行方程式》是他多年管理实践和感悟之作，提及希望我为之作序，惶恐之余我也感到荣幸之至。岁月迁移、屡变星霜，这方寸之地恰恰可以铭刻彼此亦师亦友的心之莫逆。

希腊哲学家柏拉图曾说，知识是被验证过的真实信念。知识就是力量，知识体系必须而且必然具有信念或信仰的本质属性。唯有如此，才能让知行合一成为我们坚守和前行的合理逻辑。

细读《高效执行方程式》，全书处处浸透着作者多年企业管理和管理咨询生涯中对高效执行力锻造与提升的深思、钻研、总结和创新。作者文笔朴实、逻辑严密、例证充分，深入浅出且娓娓道来，以谦逊而发自内心的坚定，从管理者的视角，为管理者提供了激发下属高效执行工作的思路、方法和工具。我想，恰是源于对"高效执行方程式"框架体系的信念，以及对管理者大道至简追求的共鸣，促成了这本书简洁而朴实的文风，实用而透彻的论理。

企业生存发展的基本密码是竞争优势的打造，而高效执行力则是竞争优势打造和管理的根本抓手。但是，执行力不足难道都是下属的无能或过错吗？或许，管理者反躬自省，才是问题解决的王道。正如德鲁克所说，管理的本质恰在于激发和释放每一个人的善意。

《高效执行方程式》正是由这一振聋发聩的一问，开始了作者从管理者的角度思索下属高效执行力锻造和提升的架构、方法与工具。

让执行者知道目标、目的、意义、方法和风险；令执行者可以把自己的经验、技能、资源、应变意识充分用在工作中；基于动机驱动、内心承诺和提振信心使执行者愿意；通过包容和支持教执行者有充分的安心。由此，管理者若能积极践行 $EE=R×T×E×F$ 的高效执行方程式，下属高效执行力的锻造或许可以举重若轻。

通读全书，我为作者摒弃辞藻堆砌，满满都是干货、页页可划重点的写作风格所感动，也为作者内心服务于中国企业守正创新推进大时代下的变革发展的情怀所感染。一片良苦用心，满篇实用之术。

中国企业正在经历一个伟大时代的淬炼，中国企业的管理者正在经历由学习而成长转向思考而卓越的磨砺。我想这本书会为中国企业的管理者提供灵感和信心，并为管理者引领高绩效、高执行力的下属，驱动中国企业屹立于世界企业之林提供更好的思考维度和经营之道。

李志远　教授

管理学博士，企业管理专业硕士生导师

兰州大学教学顾问委员会文科组副组长

南开大学和德国莱比锡商学院访问学者

深圳市股权投资研究会副会长

甘肃省管理学会管理教育委员会秘书长

高效执行，实战管理的智慧

我与毕礌博士相识已十年有余，我们是博士同学。收到他寄来的最新专著《高效执行方程式》，我很欣喜。毕礌博士是具有深厚理论功底的管理实战派，职业经历丰富。在 20 多年的职业生涯中，他从事过管理咨询，任职过企业高管。最近几年，他成功创业，积累了非常丰富的实践经验。鉴于这么多年我与毕礌博士的交往，以及我对其职业经历、能力和处事方式的了解，我认为凡经其手，必出精品。书稿传来，我手不释卷，仔细阅读后，果不其然，验证了我这一贯的判断。

执行力是老生常谈的管理话题，市面上关于执行力的著作及课程五花八门，非常多。企业一般也会采购这方面的课程，管理者不厌其烦地讲，员工不胜其烦地听，但效果往往不尽如人意。这是为什么？这需要管理者全面深入地复盘和反思。

本书从"什么是高效执行"的概念界定入手，从管理者的角度来看高效执行，分析了员工执行力不佳的症结所在；借用方程式赛车的电台、轮胎、引擎、油箱为代码，非常形象地对应高效执行所需要的"让执行者知道""令执行者可以""使执行者愿意""教执行者安心"四个变量，并进一步引发"高效执行二十问"的思考，开创性地提出了"知道五元素""可以四边形""愿意金三角""安心两仪图"等模型，让人耳目一新，同时融合了大量通俗易懂、简单可操作的实践案例。

我服务的洛阳钼业集团从早年一个小的地方性矿企发展至今成为世界级头部矿业公司，发展如此迅猛实属业界罕见，其中一个很重要的原因是得益于组织能力建设与高效执行力。例如，集团要求各级干部在安排任何工作时必须遵循四步法：第一，必须明确工作目标、清晰界定工作标准，员工只有清楚明白这些才不会偏离方向；第二，充分沟通协作，及时分享进展和问题，并协调资源解决问题；第三，持续优化改进，每项工作完成及时总结复盘、不断精进，挑战不可能；第四，在时间管理上要求有清晰的计划节点，合理安排工作优先级，确保工作时效。洛阳钼业的实践与本书观点不谋而合，还有很多类似的卓有成效的管理实践（这里不再一一赘述）也一定程度上印证了本书所阐述的高效执行底层逻辑。

本书同毕磊的博士论文《中国情境下包容型领导的探索性研究》一样，立足中国本土文化和现实环境，紧扣企业管理实践，是一本不可多得的兼具理论高度与实操价值的参考书，不仅给大家提供了系统的结构和创新的思维，还提供了一整套关于具体如何去做的实践指南，我相信一定会为你的团队管理工作带来新思路、新启迪。

刘达军　博士

洛阳钼业集团总裁助理兼人力资源部总经理

人生的命运取决于你如何管理

一个人的思维与行动决定了他看待世界的方式，也决定了他的命运，我将这件事称为管理。

与君相识十载，转眼已是中年。十年前，我初次与毕博士结识还是在尼斯大学的博士生课堂上。彼时的毕礴已经是企业管理领导力领域的专家，正试图通过博士学习把他多年的心法提炼出一套理论体系。三年博士学习后，他的毕业答辩惊艳了尼斯海滩的法国教授。他们也从未想过，中国人可以把领导力研究到这个程度。在博士答辩后的第二天，他们就邀请毕博士去给法国的学生上了一堂课。据我所知，这也是这个大学历史上的第一次。

2014年，毕博士根据中国人的管理特点开发了一套"执行力之轮"的工具。转眼到了2023年，AI时代来临，大量工作岗位开始被AI取代，管理者也可以使用各种科技手段洞察和量化许多管理问题上的关键指标。在这个时候，毕博士的新书《高效执行方程式》问世了。十年磨一剑，我相信他这十年对中国管理领导力一定有了全新的见解，于是在收到书稿的第一时间我就仔细研读了一番。

管理不仅是一门艺术，更是一门科学。所谓管理，就是管事理人。从德鲁克开始，所有管理人都在试图找到一个问题的答案，就是如何卓有成效地进行管理。管理重在执行，而高效执行则是另一回事。我相信本书无疑向这个终极问题又大大迈进了一步。

我是研究情感计算的，情感计算的研究对象其实就是人。通过研究我们可以知道，人天生是一种特别懒得动脑的存在。没有谁是天生的管理者，从个人品性到管理风格，各行各业，各有各法，并没有一套统一的标准。市场上管理学的书籍汗牛充栋，各种商学院也都开设了管理学课程。然而，令人费解的是，许多管理学教授都感觉教得累，学生们也感觉学得更累。原因我认为很简单，第一，没有立足中国本土文化去思考管理问题，要么全部以西方管理学经典理论为主导，要么全部推行国学管理，这显然是行不通的，西方管理学是构建在西方文化基础之上的，许多理论并不完全适用于中国人；第二，管理依然是有迹可循的，好的管理者一定具有一些共性特质，好的管理方法可以适用于许多行业，这点上，毕博士的这本著作用"方程式"来命名，是恰当又聪明的做法。

本书不仅适用于不同行业、不同规模、不同管理水平的企业管理者，也非常适合每个人作为一套简单又易于操作的"执行"方法来进行自省。对绝大多数人来说，拖延都是一件很严重的事，包括我自己。本序也是在毕博士多次催促下完成的，从这个角度来说，我实在算不上一位高效执行者。但作为一名计算机从业者，我特别喜欢看这本书的原因在于，里面方程式的每个变量都是实实在在的，执行标准也是非常明确的，读完此书后可以马上进行应用，并能立刻看到改变，这点我相信对于企业经营管理者来说是极为重要的。

将虚无的"管理"两个字量化成可执行的公式，我想这正是管理学的一大进步。随着科技的发展，企业管理者发现，科技的最大作用就是提高生产效率，而如果将人也变成高效执行者，那么对企业来说无疑是如虎添翼的。

而将"情感"的力量也纳入公式，无疑是更有想象力的部分，比如信念、凝聚力等。人终究是情感动物，高效执行除了管理者的外部驱动，对员工的内驱力量也有很高的要求，而这些在本书都能找到答案。

人生的命运取决于对自己的管理，优秀都是习惯练成的，你如何对待管理，决定你如何看待自己的未来。是为序。

2023 年 11 月 4 日于上海

俞楠

上海亿镜智能科技有限公司首席执行官

法国尼斯大学管理学博士

美国索菲亚大学心理学博士

法国高等文化艺术管理学院教授、博士生导师、学术主任

法国高等对外贸易学院人工智能产业学教授、全球华语区
学术创新主任

马来西亚莱佛士大学博士生导师

上海市计算机学会人工智能专委会副主任

高效执行方程式，中国领导者的管理新视角

很高兴为我的好朋友和长期合作伙伴毕礌博士的著作《高效执行方程式》写序。他是一位管理学博士，同时拥有丰富的团队管理经验，曾经在美国、荷兰的世界 500 强企业以及中国上市公司任职的经历让他有了非常真切的领导体验。过去的近 15 年里，他也曾为 200 多家国内外企业提供过领导力培训和咨询。我确定这本书是他 20 多年管理实践的智慧结晶，也是他对管理者的角色深入理解和应用的精彩呈现。

在快速变化和高度竞争的商业环境中，执行力的重要

性不言而喻。然而，如何提高团队的执行力，却始终是许多领导者面临的挑战。我认为，高效执行方程式提供了一种新颖、实用的方法，为解决这一难题提供了有益的工具。

作为企业的管理者，我们的责任不仅是引导企业取得商业成功，更重要的是要建立一支具有高效执行力的团队。这样的团队不仅可以应对当前的挑战，更能够拥抱未来的变革和发展。

在我看来，本书最大的特色在于其独特的视角和生动的案例分析。它没有停留在大多数执行力书籍的通用理论层面，而是从管理者行为的角度出发，将高效执行和 F1 方程式赛车相链接，从而提炼出高效执行方程式：$EE=R \times T \times E \times F$。这个方程式清晰而深刻地指出，管理者想要让团队成员高效执行，首先应该用自己的言行确保执行者及时准确地知道信息，可以充分发挥自己的才能，愿意投入精力和热情，还要保障执行环境的健康友好，让执行者能够安心地执行。

书中深入浅出的解释和贴近实际的案例使得这本书对于管理者具有极高的参考价值。它不仅提供了理论依据，还通过具体案例和实践技巧，帮助各级管理者更好地掌握驱动团队成员执行的方法和技巧。它不仅适用于中国企业，也适用于全球范围内的所有组织。我相信，这本书将成为中国领导者的管理新视角，引领我们走向更高效、更有活力的未来。《高效执行方程式》为我们提供了实现这一目标的工具和方法。此书在全球化背景下为在中国发展的经理人提供了一个全新的视角，让他们能够更好地理解和应用领导力的艺术。这本书的出版是对中国管理领导力发展的一份重要贡献，我为能够推荐这样一本书感到非常自豪。

总的来说，《高效执行方程式》是一本极具实用性和启发性的著作。它不仅为我们提供了提高团队执行效率的方法和技巧，还为我们展示了如何更好地发挥领导力的艺术。我相信这本书将成为领导者的必读之书，引领我们走向更加高效、更具竞争力的未来。毕礌博士通过辛勤工作和无私奉献，用他的才华和经验为这本书注入了生命和灵魂。

任咏

Impact International 大中华区总经理

| 自 序 |

　　今年是我戴上创业者帽子的第 12 年，是我成为专业咨询顾问和培训师的第 20 年，也是我做管理者的第 22 年。在这还不算漫长的岁月里，无论是在与客户、学员的交流中，还是在自己的亲身经历中，关于如何才能让团队成员高效执行的话题总会不断出现。

　　这个话题之所以经常出现，是因为从基层管理者到企业家们，似乎总是对团队成员的执行力水平不够满意。大家都认为团队成员的执行力有很大的提升空间，如果人人都能做到真正的高效执行，则无论是企业或团队的业绩，还是个人的成长，都会有显著的改善。

事实上，大家也都在尝试各种方法来提升团队的执行力。或是通过招聘执行力"更强"的新人，或是组织"执行力培训"，然而，这些方法的效果往往不尽如人意。新人似乎只有刚加入的那段时间很有执行力，而培训则通常只有几天的保鲜期。

这是为什么呢？

我认为是认知角度问题！

有不少管理者认为大多数执行者缺乏高效执行的意识。这种认知从逻辑上说是没错的，但却是以大多数人都不想把事情做好为前提的。然而，我认为这个前提并不成立。我们不否认，如今确实有些职场人以"躺平"为荣，但更多的职场人都是很有追求的，他们期待成功和成就。因为那样才能带来生活质量的提高，才能让他们担负起对家庭乃至家族的责任。

因此，我们有必要换一个角度来看待高效执行。

通过观察和思考，我认为把执行结果不佳或执行效率不高的责任推给执行者既不合理，也不公平！80%以上的工作任务是由管理者制定并下达给下属，要求下属执行的。怎么能把执行不力的责任都归于执行者呢？执行是否高效，管理者应该是第一责任人：同样一项工作，完全可能因为管理者在布置任务时和布置任务后的言行差别，使得同一位执行者表现出不同的执行水平。

带着这样的想法，我开始了分析和研究。2014 年，我完成了第一轮研究，开发出了"执行力之轮"，希望用这个模型和工具帮助管理者采取恰当的行动，使团队成员高效执行。2023 年，我和团队成员对"执行力之轮"进行了迭代，于是就有了"高效执行方程式"。我们希望管理者在给下属安排工作时，以及工作安排停当开始执行后，都能够采取有效的行动来帮助执行者进入并始终处于高效执行的状态。确切地说，我们认为，让执行者高效执行的前提是管理者要提升驱动高效执行的意识，采取驱动高效执行的行动。

这是我写本书的初衷，也是我特别希望把高效执行方程式分享给广大读者的重要原因。

毕礌

2023 年 8 月

于上海

执行是一回事儿，高效执行是另一回事儿。

执行高效与否，经理人应该承担更大的责任。

这是一本从管理者视角出发讨论如何提升团队成员执

行力的书，

一本让管理者自省自察的书。

| 目　录 |

第一章　高效执行方程式　　/ 1

执行是一回事儿，高效执行是另一回事儿。

第一节　什么是高效执行　　/ 3

第二节　方程式赛车和高效执行　　/ 13

第三节　高效执行方程式　　/ 23

第二章　变量R：让执行者知道　　/ 29

稀里糊涂何来高效？

第一节　"知道五元素"　　/ 31

第二节　设定"好"目标　　/ 37

第三节　提供方法的方法　　/ 47

第四节　对风险有所准备　　/ 53

第五节　海平面下的目的　/ 59

第六节　力量惊人的意义　/ 67

第三章　变量 T：令执行者可以　/ 73
力有不逮何来高效？

第一节　"可以四边形"　/ 75

第二节　过往经验需要注意时效　/ 85

第三节　持续发展当下技能　/ 91

第四节　激活既有资源　/ 103

第五节　应变意识需要特别重视　/ 109

第四章　变量 E：使执行者愿意　/ 123
漫不经心何来高效？

第一节　"愿意金三角"　/ 125

第二节　满足动机　/ 133

第三节　获取承诺　/ 143

第四节　提振信心　　/ 151

第五章　变量 F：教执行者安心　　/ 159
内忧外患何来高效？

第一节　"安心两仪图"　　/ 161

第二节　积极宽容（错误）　　/ 169

第三节　充分接纳（不同）　　/ 179

第四节　提供资源　　/ 187

第五节　化解冲突　　/ 195

第六章　高效执行二十问　　/ 209
纸上得来终觉浅，绝知此事要躬行。

后　记　进一步的思考　　/ 217

致　谢　　/ 221

第一章

高效执行方程式

执行是一回事儿，高效执行是另一回事儿。

第一节

什么是高效执行

在 20 多年的职业生涯中，我至少和上千位各类企事业单位的管理者就执行和高效执行进行过交流和探讨。我发现，大家对执行的看法非常一致：做事即执行。然而，当谈到高效执行时，看法就各不相同了。有些人认为只要能按要求完成任务就算高效执行；而有些人则认为按要求完成是最低标准，高效执行意味着必须提前完成；还有一些人的要求则更高。

我整理了大家的看法，把高效执行的定义分为四个级别，如图 1-1 所示。下面由低到高为您介绍。

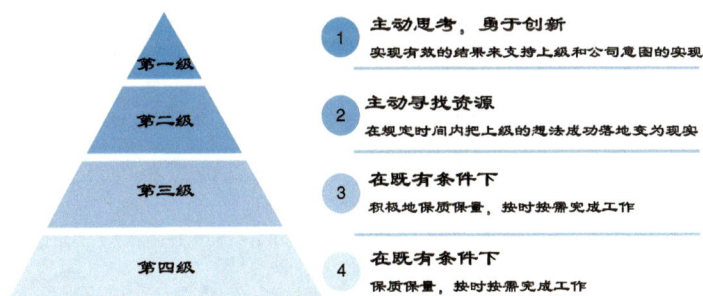

图 1-1 "高效执行金字塔"

第一级
1 主动思考，勇于创新
实现有效的结果来支持上级和公司意图的实现

第二级
2 主动寻找资源
在规定时间内把上级的想法成功落地变为现实

第三级
3 在既有条件下
积极地保质保量，按时按需完成工作

第四级
4 在既有条件下
保质保量，按时按需完成工作

第四级，在既有条件下保质保量、按时按需完成工作。

这里有三个关键词：既有条件、保质保量和按时按需。这意味着执行者不应该总是期望上级提供更多的资源或改变政策、制度、流程等。他们需要在上级给定的条件下保证工作的数量和质量达标，并在规定时间内完成，同时满足上级的其他需求，比如不被投诉或得到更上级的赞赏等。

第三级，在既有条件下积极地保质保量、按时按需完成工作。

和第四级相比，这一级多了三个字"积极地"。这是对执行者的态度提出了要求。执行者的"态度"是绝大多数管理者特别在乎的一个重要方面。同样对能把事情做好的执行者，管理者更欣赏态度积极的人，也更愿意把机会给态度积极的人。态度积极，意味着主动沟通、乐观应对和有责任心。有些执行者总是面带笑容，哪怕遇到再棘手的问题，也会积极地想各种解决办法，他们在管理者眼中就是"态度积极"者。而另一些执行者总是皱着眉头，稍微遇到一些麻烦就会两手一摊，说"我没办法"或"你说怎么办"。更有甚者，管理者不提要求，他就不做。他们在管理者看来就是"态度消极"者。

第二级，主动寻找资源，在规定时间内把上级的想法成功落地变为现实。

这一级的关键词是"主动寻找"和"上级的想法"。第四级、第三级都强调了"既有条件"，因为现实中管理者能够主动给予执行者的资源往往是有限的——并不是不想给，而是一时之间可能没想到或没办法满足执行者需要的一切。这就要求执行者主动出击，结合需要执行的工作去找资源、调资源。执行者可以向上级提要求，也可以在自己的资源库里发掘。另一方面，有时上级的想法未必十分明确，或许只有完成工作的截止时间是明确的。在这种情况下，执行者就要结合自己的经验在执行过程中不断和上级进行沟通，帮助上级明确目标，进而最终达成预期目标。比如，管理者需要执行者在两个星期内做一张产品宣传海报，要求时尚一些。这个要求实际上是模糊的，因为每个人对时尚的定义都不一样。第二级的执行者不会纠结上级的指令是不是"不够清晰"，而是会先采取行动，比如找一些样本让管理者选择，或者结合自己的经验做一个草稿，让管理者对草稿提出修改意见。这一级的执行者会通过高效的沟通帮助管理者明确目标，最终做出符合管理者预期的"时尚的海报"。

第一级，主动思考、勇于创新，实现有效的结果来支持上级和公司意图的实现。

这一级的要求是最高的。"主动思考""勇于创新"和"意图"是这一级的三个关键词。第一级的执行者不仅要思考"怎么做"，而且要考虑"做什么"，要把比想法还抽象的上级和公司的意图转化为具体的行动目标。大多数时候，意图可能只是一个方向，或许连工作完成的截止时间都不明确。比如，管理者只是告诉执行者，公司希望通过提升客户满意度来赢得更大的市场，产生更高的利润。在这种情况下，执行者要能够结合自己的观察和认知进行主动思考，并主动和上级进行沟通，引导上级并与之达成共识。勇于创新则不仅要求执行者要有创新能力，更强调了执行者要具备创新的勇气，毕竟创新的失败机率是不低的。管理者对这一级执行者的期待是敢想、敢说、敢做、敢错、敢担责。一个只会等待上级指令的执行者是注定达不到第一级要求的。

以上对高效执行的定义之所以用"级"的概念进行描

述，是因为级别越高，难度系数越大。而不是说高效执行必须拾级而上。

作为本书的作者，我要明确地告诉您，本书所说的高效执行是保二争一的。也就是说，如果管理者按照本书的建议采取行动，将至少能够让执行者达到第二级水准，并有很大可能达到第一级水准。但坦率地说，想要确保达到第一级，单靠本书的建议还是不够的，我将通过其他方式来为管理者们提供帮助。

作为管理者，明确自己对"高效执行"的定义是非常有必要的，原因有二。

一是只有明确了定义，才能采取有效的行动，包括招人、用人和育人。假如您对高效执行的定义是第四级或第三级，建议您不要去招募那些很有主见和想法的执行者，他们只会给您平添烦恼。

二是只有明确了定义，才能和执行者达成共识，这是客观评价执行力强弱的基础。现实中，我经常遇到管理者抱怨自己的下属执行力差，但下属的看法却截然相反，认为自己做得很棒，执行力超强。因此，双方会发生冲突，闹得很不愉快，甚至一拍两散。管理者只有和执行者就"高效执行"的定义达成共识，双方才能在对执行力进行评估的过程中愉快且有效地沟通。

✎ **执行锦囊：**

- 执行是一回事儿，高效执行是另一回事儿。

- 做事即执行。

- 作为管理者，明确自己对"高效执行"的定义是非常有必要的，"高效执行金字塔"是一个关于执行力高低的有效辨别工具。

- 管理者只有和执行者就"高效执行"的定义达成共识，双方才能在对执行力进行评估的过程中愉快且有效地沟通。

第二节

方程式赛车和高效执行

在一次闲聊中，我和团队成员谈到了 F1 大奖赛。炫酷的赛车在专业的赛道上极速飞驰，让人热血沸腾。为什么那么多人喜欢看 F1 方程式赛车比赛？因为它不仅仅是速度和激情的释放，更体现了高要求、高标准和高效率。这与我们团队的追求是完全一致的。同时，与高效执行的追求也高度吻合。

F1 每一辆赛车都是由专业车队精心打造的，追求的是性能的极致。每辆车上都有四个核心部件，以保证车手能在赛道上不断突破自己，跑出优异的成绩。

第一个核心部件是电台（Radio），即通信设备。赛车电台不同于普通车辆的广播电台，是用于车队和赛车手之间交换信息，帮助车手高效、安全完成赛事的无线电设备。赛场上的情况瞬息万变，仅仅依靠眼睛，车手是难以在比赛中洞察先机、及时做出判断、取得胜利的。在比赛过程中，赛车手要及时反馈路况和车况，指挥台也要及时发送指令，告知车手赛况和调整比赛策略。因此，电台通信必须保持通畅和清晰。

第二个核心部件是轮胎（Tyre）。对方程式赛车来说，轮胎不仅关系到赛车的速度和最终的成绩，更可能关乎车手的生命安全。一方面，在极速状态下，方程式赛车轮胎的寿命较短。在比赛中，赛车每跑几圈就需要进入维修站更换轮胎，以确保轮胎的性能稳定。另一方面，还必须要根据赛道、天气等因素调整轮胎的使用策略，比如遇到突然下雨，就必须更换适应雨天的湿地轮胎。2023 年，著名车手阿隆索就因为在雨天错用中性胎而错失了 F1 摩纳哥站的冠军。

第三个核心部件是引擎（Engine）。引擎是赛车的"心脏"，为赛车提供动力。动力是车辆性能的关键指标之一。为了确保比赛的公平性，F1 赛事对引擎的规格有严格的规定。然而，在规定的范围内，每个车队依然不遗余力地改进和选配最优质的引擎，努力实现高功率、低损耗，以提升赛车的动力性能。

第四个核心部件是油箱（Fuel-tank）。很多人想不通，油箱凭什么是核心部件呢？一来油箱容量直接影响续航里程和车身重量，从而影响进站策略，最终影响比赛成绩；二来 F1 赛车的油箱承担着保障车手生命安全的重任——比赛中，车辆碰撞甚至翻覆在所难免，当事故发生时，油箱必须做到发生变形时不会爆裂。可以说，油箱是 F1 赛车保护能力最强的部件之一。

　　每个车队为了确保车手夺冠都会努力研发并升级改造上述四个核心部件，这为我们提供了一个思路：为了提升执行者的执行力水平，管理者也需要在四个方面做得更好，如图 1-2 所示。

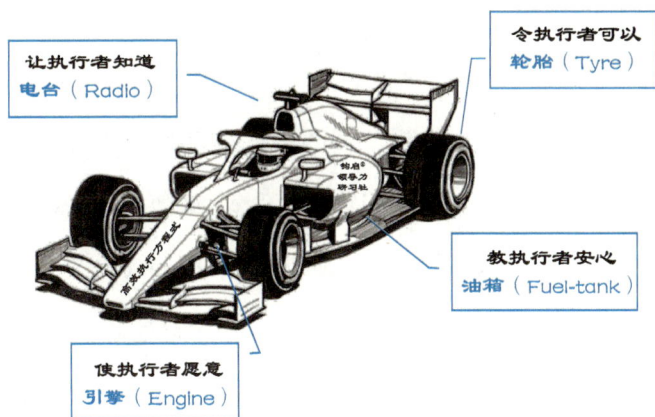

让执行者知道
电台（Radio）

令执行者可以
轮胎（Tyre）

教执行者安心
油箱（Fuel-tank）

使执行者愿意
引擎（Engine）

图 1-2　方程式赛车和高效执行

　　管理者需要做好的第一个方面是让执行者知道。就像车手在比赛中需要通过电台（Radio）及时、准确地了解各类情况、做出判断和调整比赛策略一样，执行者也必须对需要完成的项目或具体工作有充分的了解。否则，执行者就会陷入一种稀里糊涂的状态，高效执行自然无从谈起，有时候甚至连执行下去都会有困难。因此，执行者"知不知道"以及"知道得清不清楚"决定了他是否符合了高效执行的前提，直接影响到执行效果。于是，我们把管理者的"让执行者知道"作为高效执行的第一个变量，并借用赛车电台的英文单词作为变量代码，即 Radio，把它的开头字母 R 作为该变量的缩写。

管理者需要做好的第二个方面是令执行者可以。正如车手想要跑出好成绩，赛车的轮胎（Tyre）必须品质够高，同时还要和场地、天气等条件相适应一样，想要高效执行，执行者也必须具备工作需要的核心能力，管理者还要采取行动，确保执行者的能力与时俱进。如此，才能令执行者可以完成工作，搞定项目。否则，就算是执行者想要高效执行，也会因为有心无力，眼睁睁地看着项目和工作持续拖延，甚至失败。因此，执行者"可不可以"以及"可以的程度是多少"决定了他是否拥有高效执行的基础，对执行效率影响极大。于是，我们把管理者的"令执行者可以"作为高效执行的第二个变量，并借用赛车轮胎的英文单词作为变量代码，即 Tyre，把它的开头字母 T 作为该变量的缩写。

管理者需要做好的第三个方面是使执行者愿意。赛车引擎（Engine）关乎车辆性能和车手成绩。想要高效执行，执行者也必须在身体里装上可源源不断地提供动力的发动机。换句话说，就是执行者需要始终保有对项目或工作的激情与渴望。这就要求管理者采取有效行动，不断激励执行者，使执行者愿意全情投入项目或工作，充分发挥自己的聪明才智。执行者"愿不愿意"以及"有多愿意"决定了他是否具备高效执行的动力，对执行效率影响巨大。于是，我们把管理者的"使执行者愿意"作为高效执行的第三个变量，并借用赛车引擎的英文单词作为变量代码，即 Engine，把它的开头字母 E 作为该变量的缩写。

管理者需要做好的第四个方面是教（jiào）执行者安心。很多管理者会忽视安心，就像很多人想不到油箱（Fuel-tank）是赛车的核心部件一样。或许会有一些赛车手在没有安全保障的情况下愿意冒险一搏，但是更多车手一定会基于

安全考虑做出保守的选择。面对项目和工作，执行者在没
有"安心感"的情况下往往瞻前顾后，很难全力以赴。有一
些人也可能会"勇敢前行"，但这种不确定性肯定不是管理
者所期待的。因此，管理者需要采取有效行动，努力为执行
者创造健康友好的执行环境，教执行者在安心的状态下投入
工作。可见，执行者有没有"安心感"以及"安心感"有多
强决定了他能否获得高效执行的保障，对执行效率的影响不
容忽视。于是，我们把管理者的"教执行者安心"作为高效
执行的第四个变量，并借用赛车油箱的英文单词作为变量代
码，即 Fuel-tank，把它的开头字母 F 作为该变量的缩写。

✐ **执行锦囊：**

- 让执行者知道。

- 令执行者可以。

- 使执行者愿意。

- 教执行者安心。

第三节

高效执行方程式

我们把四种变量组合在一起，就得到了高效执行方程式。

> $EE = R \times T \times E \times F$
>
> Effective Execution=Radio × Tyre × Engine × Fuel-tank
>
> 高效执行 = 让执行者知道 × 令执行者可以 × 使执行者愿意 × 教执行者安心

这是一个乘法表达式，表明了高效执行是"让执行者知道""令执行者可以""使执行者愿意"和"教执行者安心"四个方面共同作用的结果。

从算式的角度来看，我们会有两个有趣的发现。

一是当其中任何一个变量为零的时候，结果即为零。也就是说，执行者"不知道"（R=0）、"不可以"（T=0）、"不愿意"（E=0）或"不安心"（F=0）都会导致执行不但和"高效"无缘，甚至可能"一无所获"。这一点提醒管理者们，想要看到高效执行，就千万不要无视任何一个变量，一定要在每个方面都采取正确有效的行动。

二是如果四个变量都不满 1，也就是没有达到基础值，乘积会远离基础值。比如，R=0.9，T=0.9，E=0.9，F=0.9，EE=0.6561。这说明如果管理者期待执行者做到高效执行，就一定要努力让每一个变量都达到基础值。想要执行效果更好，就要至少在某一个方面做到超出基础值。

当然，绝对意义上的"不"（变量 X=0）是很罕见的，但有所缺失，不满 1 的情况却是很常见的。因此，管理者需要对执行者的行为有足够的关注。

同时，管理者还需要意识到，如果执行者在某些项目或具体工作中表现不佳，没能表现出我们所期待的高效执行，那一定是这四个变量中的某个或多个变量出现了异常，需要立即进行检查和调整。自检、自纠的能力也是管理者领导力水平的重要体现。

最后，我需要澄清一件事。高效执行方程式中的"方程式"和 F1 方程式赛车中的"方程式"并不是同一个意思。在高效执行方程式中，"方程式"是指数学表达式；而在 F1 方程式赛车中，"方程式"则是指一种赛车的技术规则和限制标准。虽然这两个词的文字相同，但它们的意思却完全不同。不过，如果这种巧合能够帮助您更深刻、更鲜活地记忆高效执行方程式，从而在实战中更容易采取积极有效的行动，那也不失为一件好事。

执行锦囊：

- 高效执行＝让执行者知道 × 令执行者可以 × 使执行者愿意 × 教执行者安心。
- 自检、自纠的能力也是管理者领导力水平的重要体现。

第二章

变量 R：让执行者知道

稀里糊涂何来高效？

第一节

『知道五元素』

为了满足高效执行方程式的第一个变量 R，管理者必须确保执行者能够及时、准确地了解与要执行的具体工作或项目相关的重要信息。这些信息可以分为五类，我们称之为"知道五元素"：目标、目的、意义、方法和风险，如图 2-1 所示。

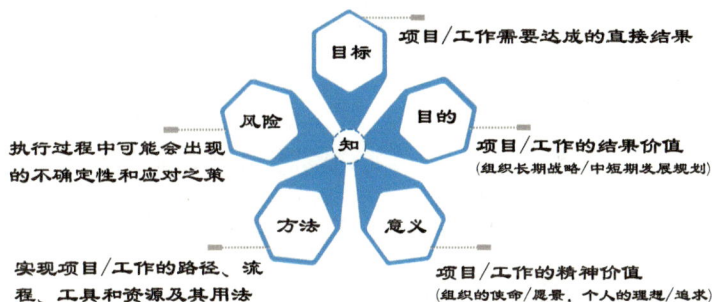

图 2-1　"知道五元素"

第一，执行者需要知道"目标"——他们要去执行的具体项目或工作要达成的直接结果。例如，软件开发部门的工程师被要求在 6 个月内开发出 3 个功能模块，使产品性能提高 20%。

第二，执行者需要知道"目的"——他们要去执行的具体项目或工作的结果价值。这通常与组织的长期发展战略或中短期发展规划相关。例如，一位耐用消费品公司的服务人员注意到，如果自己严格按公司要求为客户提供服务的话，公司为此付出的成本是远高于客户所支付的服务费用的。因此，这位服务人员一度很犹豫，甚至抱怨公司不会算账。但当她了解到这是为了实现公司的长期战略——通过提供超值服务来获得更高的市场占有率时，她就停止了抱怨，全身心地提供每一次服务，不会因为想要控制成本而减少服务内容或降低服务质量。

第三，执行者需要知道"意义"——他们要去执行的具体项目或工作的精神价值。这通常与组织的使命、愿景，以及个人的理想、追求密切相关。例如，一位医药公司的销售经理之所以会积极地向医院推荐一款新药，是因为他知道这款药对于治疗一种特殊的疾病具有很好的效果，能够帮助病患摆脱痛苦。这不仅符合他所在的公司推崇的"爱"的使命，同时也是他个人追求的善行。

第四，执行者需要知道"方法"——他们要去执行的具体项目或工作的实现路径、流程、工具和资源，以及它们的用法。例如，为了让人力资源招聘专员做好招聘工作，他们必须对公司的招聘流程、常用招聘工具、面试技巧，以及外部招聘资源等有清晰的认识，并知道如何运用这些工具和资源。

第五，执行者需要知道"风险"——他们要去执行的具体项目或工作在执行过程中可能出现的不确定性及其应对之策。例如，为了让城市经理高效地开拓新市场，有必要让他们充分知道当地的竞争对手及其可能采取的竞争手段，也有必要让他们知道有哪些政策会对市场开拓产生影响及其可能发生的变化，并对竞争对手的行为和政策的变化做好应对策略。

上述五个元素，对执行者实现高效执行目标，都非常重要。然而，在现实中，管理者在和执行者交流时，往往重视目标，关心方法和风险，而忽视目的和意义。管理者有一种认知：目标、方法和风险都是实在的、可见的，对执行很有价值，而目的和意义则是虚无的、难以表述的，像是在画大饼、谈情怀，对执行没有实际作用。但事实真的如此吗？下面的章节将为您详细阐述。

✎ **执行锦囊：**

- "知道五元素"：目标、目的、意义、方法和风险。

- 执行者需要知道"目标"——他们要去执行的具体项目或工作要达成的直接结果。

- 执行者需要知道"目的"——他们要去执行的具体项目或工作的结果价值。

- 执行者需要知道"意义"——他们要去执行的具体项目或工作的精神价值。

- 执行者需要知道"方法"——他们要去执行的具体项目或工作的实现路径、流程、工具和资源，以及它们的用法。

- 执行者需要知道"风险"——他们要去执行的具体项目或工作在执行过程中可能出现的不确定性及其应对之策。

第二节

设定『好』目标

让我们从大多数管理者最重视的目标开始讨论。

目标的重要性毋庸置疑，它是评估执行是否到位的重要依据。然而，作为管理者，你有没有想过，对于具体的项目或工作，我们为执行者设定的，或者他们自己设定的目标，是不是一个足够好的目标呢？

我们可以通过一个例子来探讨这个问题。

> 某公司甲地区销售部经理 2023 年第四季度的工作目标之一：
>
> 四季度，带领团队在甲地区开展 7 次 A 产品的系列主题促销活动，进一步提升业绩和市场知名度。

这是一个好目标吗？

显然并不是。

这个目标非常不好！尽管其中有明确的数字"7次"，有具体的内容"主题促销活动"，甚至还有时间"四季度"和结果"提升业绩和市场知名度"。但是，"进一步提升"是很模糊的概念，"业绩"的指向性不清楚，"知名度"更是一个无法统一认知的概念。因此，在执行过程中，执行者很难集中力量和资源，因为并不知道究竟要做什么。而到四季度结束进行评估时，管理者和执行者会有很大概率发生争执。争执的焦点可能就是"提升多少算进一步？""哪些指标算是业绩？"和"知名度如何评定？"。

为了避免出现上述情形，在设定目标时，我们可以借鉴并应用管理大师彼得·德鲁克在《管理实践》一书中提出的 SMART 原则。SMART 由五个英文单词的首字母组成，分别是 Specific（具体的）、Measurable（可衡量的）、Attainable（可实现的）、Relevant（有相关性的）和 Time-bound（有时限的）。

换句话说，在设定目标时，应确保以下几点。

（1）目标应当是具体明确的事情，而非模糊的概念。例如，"提高客户满意度"是具体的事情，而"让客户满意"则是概念。"组织促销活动"是具体的事情，而"进行促销"只是概念。

（2）目标应当可以通过某种方式进行衡量。数字是最直观的衡量指标。例如，"销售额要达到 100 万元"或"DAU

（日活量）要达到 5000"。当然，有些管理者会说某些工作是难以量化的，这一点我们将在后文中详细讨论。

（3）目标应当是通过努力可以实现的。这里特别强调的是努力和实现之间的关系，那些不需要努力就可以实现的，或是无论如何努力都无法实现的目标都是不符合这一条的。例如，要求一个身体健康的普通成年人每天走 1 000 步是根本不需要努力就可以实现的目标；而要求一个平时从不跑步的普通成年人在一两个月内就能够参加马拉松比赛则是几乎无法实现的目标。当然，"努力"是要因人而异的，以我自己为例，每天走 10 000 步可以算是一个经过努力可以实现的目标。

（4）目标应当与上级的目标具有相关性。在组织中，下级目标必须与上级目标相关，以便最终实现组织的大目标。如果上下级目标没有关联，下级目标即使实现了也无法体现整体价值，很可能"劳而无功"。比如，销售部门的业务人员需要实现的销售额目标必然是业务经理需要实现的销售额目标的一部分。而在为销售部门的非业务人员或非销售部门的人员制定目标时，确保目标的相关性就需要多一些思考了，但一定是要能够形成关联的。

（5）目标应当设定在一个具体的时间范围内。时间应尽可能具体，如"至 2023 年 12 月 1 日"；避免使用不准确的时间概念，如"在 2023 年内"。时间越具体，就越有利于最终的评估，还能帮助执行者设定各项工作的优先顺序。

过去，SMART 原则就已经能够很好地指导管理者设定目标。但近年来，我们注意到一个现象：越来越多的工作已经不能依靠个人或本团队、本部门独立完成，而是需要多方协作。因此，有必要对 SMART 原则进行迭代，在其中加入一个新的字母 A 即 Align（有共识的），形成一个更完整的目标原则 —— ASMART。

"有共识的"意味着在设定目标时需要充分考虑到协作者（部门），并与他们进行充分沟通。只有在协作者（部门）知晓并认可的前提下，管理者为执行者制定的目标才是有效的，才能顺利达成。

让我们回到最初的那个例子中，如果使用 ASMART 原则设定目标，会是这个样子。

> 某公司甲地区销售部经理 2023 年第四季度的工作目标之一：
>
> 自 2023 年 10 月 1 日至 12 月 31 日，带领团队与市场部、售后服务部协作，在甲地区开展 7 次 A 产品的系列主题促销活动，直接实现 300 万元销售额（地区年度销售指标的 1/7），为公司官方微信公众号增粉 15 000 人（地区年度指标为 50 000 人）。

和之前所定的目标相比，是不是变得具体了呢？不过需要注意的是，如果要准确定义这是一个好目标，还需要一些前提条件。

> 前提条件一：该经理所领导的部门 2023 年第三季度的销售额为 200 万元，2022 年第四季度的销售额为 220 万元。
>
> 前提条件二：公司官方微信公众号目前有粉丝数 100 万，2023 年第三季度该经理领导团队为官微增粉 13 000 人。

> 前提条件三：四季度目标已经和市场部、售后服务部进行过沟通并都得到了愿意积极配合的承诺。

前提条件并不需要写在目标中，但应该给出明确的说明。

现在我们来讨论让某些管理者感到棘手的目标"无法量化"的问题。

值得注意的是，在大多数情况下，具体的项目或工作目标都是可以被量化的。通常，无法量化的目标指的是那些主观、抽象的目标，如个人成长、创新能力、团队协作等。如果你必须将这些目标交给执行者，建议遵循以下步骤来处理。

第一步是将概念转化为结果，在转化过程中可能需要先将其转化为行为。例如，将个人成长转化为学习某项技能（行为），再进一步转化为达到该技能的某种水平（结果）；将创新能力转化为进行某项研究（行为），再转化为申请某项专利或开发出某种产品（结果）；将团队协作转化为某项协作任务的绩效（结果）。

第二步是对结果进行定量或定性描述。定量描述比较容易理解，而定性描述则需要进一步用行为或结果进行阐述。例如，要达到良好的英语水平，如果考级不足以客观评价，可以用"能够和某个国家的同事进行流畅的专业技术英语电话会议"来描述。

第三步是当正面描述难以说明时，可以采用反例来说明。例如，团队协作良好可以用"不能被其他团队成员投诉""不能在协作项目失败时归因为提供支持不及时"等描述来说明。

在转换、定性描述和反例说明的过程中，管理者都需要和执行者达成共识。这也是将不易量化的目标写成"好"目标的关键所在。

最后，关于目标，还有一项特别提示：在当今快速发展的社会环境下，企业的发展规划很可能在短期内发生变化和调整，因此工作或项目目标也一定会随之改变。作为管理者，我们需要帮助执行者适应这种变化，并持续梳理和更新项目或工作目标。

✎ **执行锦囊**：

- 目标的重要性毋庸置疑，它是评估执行是否到位的重要依据。

- 在设定目标时，**ASMART** 原则是一个有效的工具。

- 目标应当是具体明确的事情，而非模糊的概念。

- 目标应当可以通过某种方式进行衡量。

- 目标应当是通过努力可以实现的。

- 目标应当与上级的目标具有相关性。

- 目标应当设定在一个具体的时间范围内。

- 目标应当充分考虑到协作者（部门），并进行充分沟通。

- 工作或项目目标会随时改变。

第三节

提供方法的方法

方法是管理者非常关注的，让执行者知道方法也是管理者的职责。方法指的是具体项目或工作的实现路径、流程、工具和资源，以及它们的相应用法。让执行者知道方法的目的不是让他们照搬照抄，更不是为了限制他们的思考和行为，而是为他们提供必要的提示，避免违规，更是为了使他们能够站在前人的肩膀上，表现得更加出色。

在让执行者知道方法的过程中，管理者需要把握以下几个要点。

第一，管理者应该充分尊重执行者，避免产生"我是管理者，权力比你大，经验比你多，所以你必须听我的"的想法。相反，应该鼓励执行者表达自己的想法并积极提出问题。尽管管理者可能的确在相应领域比执行者更有经验，但在当今科技爆炸、人工智能发展日新月异的时代，各种技术和应用也在不断迭代，在某些领域执行者完全可能超越管理者。因此，管理者需要充分听取执行者的意见，为他们提供施展才华的舞台。真正的高效执行者是具有独立思考意愿和能力的人，而不是只会盲目服从上级要求的人。

第二，在告知执行者一些自己过去的成功方法时，管理者不仅应该说明怎么做，还应该解释为什么要这么做。例如，在处理复杂的客户投诉时，管理者曾经通过与客户聊家常的方式取得了成功。在把这个方法告诉现在的执行者时，管理者应该一起说明当时为什么要这么做（可能是注意到了客户的家庭情况）。这将使执行者更加留意投诉者的特点，并从这一特点出发去思考沟通技巧，而不是仅仅记住"聊家常"这种做法。事实上，当管理者抱怨执行者不懂得举一反三、灵活变通，只会机械执行时，自己也绝对有必要反思一下，是不是从来就没有给执行者提供过"反三"的支持。

第三，建立一个通畅的反馈机制，确保执行者在执行过程中可以随时与管理者进行交流、反馈。让执行者知道方法是一个贯穿在整个执行过程中的连续过程。例如，管理者可以与执行者约定定期报告任务的进展情况，这将帮助管理者及时发现问题并进行调整。执行者也可以借此机会将自己遇到的问题向管理者说明并获取帮助。

第四，及时将最新的企业、行业资讯和工作方法传递给执行者，使他们能够在了解最新信息的背景下思考，用最新的方法来完成具体项目或工作。然而，涉及红线的，如法律、职业道德和国家安全的事宜，管理者必须非常清楚地告知执行者并要求他们严格执行。这些通常是不可以被讨论的。

✎ **执行锦囊：**

- 方法是管理者非常关注的，让执行者知道方法也是管理者的职责。

- 管理者应该充分尊重执行者，避免产生"我是管理者，权力比你大，经验比你多，所以你必须听我的"的想法。

- 在告知执行者一些自己过去的成功方法时，管理者不仅应该说明怎么做，还应该解释为什么要这么做。

- 建立一个通畅的反馈机制，确保执行者在执行过程中可以随时与管理者进行交流、反馈。

- 及时将最新的企业、行业资讯和工作方法传递给执行者，使他们能够在了解最新信息的背景下思考，用最新的方法来完成具体项目或工作。

第四节

对风险有所准备

风险是指具体项目或工作在执行过程中可能出现的不确定性及相应的应对策略。尽管风险并不是"坏事"的同义词，但在现实中，管理者或许更加关注风险可能给执行者带来的麻烦以及对项目或工作的负面影响。

从这个角度出发，在让执行者知道风险时，管理者需要把握好以下几个要点。

第一，帮助执行者建立风险意识。相对来说，那些缺乏经验或自我认知较高的执行者，容易忽视风险。管理者需要让执行者意识到，越自信就越需要防范风险。为了实现这个目标，管理者可以利用案例分析的方式来进行培训或召开会议，帮助团队成员树立风险防范意识。

第二，与执行者分享自己的经验和教训，以及应对风险的策略。与告知方法不同的是，在告知风险时，管理者有必要以过来人的身份向执行者讲述自己曾经亲历的和知道的类似项目或工作中会遇到的风险。这包括为什么会遇到风险以及遇险后的应对方法等。即使应对的结果是失败，对于执行者来讲也是有价值的。此时，管理者不要觉得自己是在自曝其短，会让执行者轻视自己。事实上，在如今的职场生态中，越是真实的管理者越容易得到下属的认可和欣赏。如果自己没有亲历过风险呢？可以请曾经经历过风险的其他人来进行分享，虽然效果会比管理者谈论自己的经验教训差一些，但总比没有任何信息传递要好。

第三，与执行者充分讨论具体工作在执行过程中可能出现的风险，找出潜在的风险并做好应对措施。在分享了自己的经验教训之后，管理者还需要和执行者一起认真探讨当前需要执行的具体项目和工作。在不同的条件和场景下，潜在的风险可能会有很大的差异。在讨论的过程中，要允许执行者思考和指出那些看似不太可能的极端情景和状况。这是锻炼执行者思考能力和应对能力的过程。当对方提出这些极端的场景和状况后，需要进一步沟通的是他准备如何去应对这些极端的问题。这也给了管理者一个不同的思考角度。毕竟根据墨菲定律，只要是有所担心的，就一定有发生的可能性。

第四，保持敏感度，并观察、提醒执行者。尽管已经与执行者讨论过执行过程中可能出现的风险以及应对策略，但管理者自己仍需保持足够高的敏感度，特别是对重要的项目或工作。在注意到某些征兆时，管理者要及时提醒执行者。如果执行者经验不足，管理者自己要做好应对的准备。

✎ **执行锦囊：**

- 帮助执行者建立风险意识。

- 与执行者分享自己的经验和教训，以及应对风险的
  策略。

- 与执行者充分讨论具体工作在执行过程中可能出现的
  风险，找出潜在的风险隐患并做好应对措施。

- 保持敏感度，并观察、提醒执行者。

第五节

海平面下的目的

在阐述目的和意义之前，我想先介绍一个重要的模型——"知道冰山"。这个模型是基于著名的冰山理论扩展而来的，它将"知道五元素"统一展示在一座冰山上，自上而下分别是目标、方法、风险、目的和意义，如图 2-2 所示。

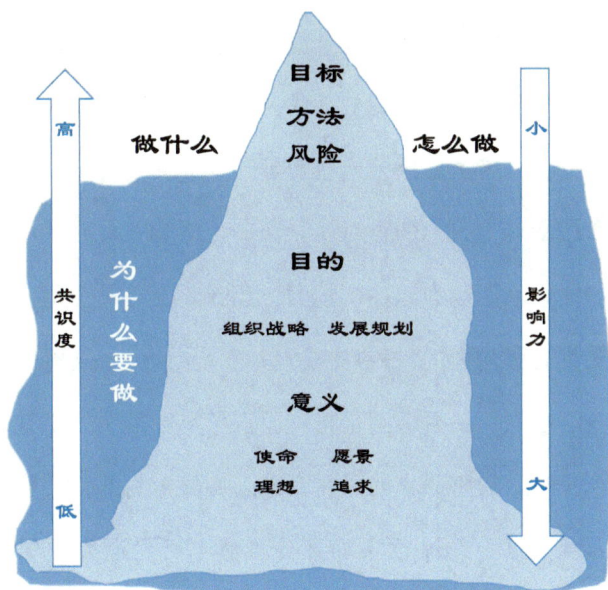

图 2-2 "知道冰山"

完全显露在海面上的是目标和方法，在海平面上时隐时现的是风险，它们明确了"做什么"和"怎么做"，也提醒我们注意潜在的问题和挑战。而目的和意义则是被完全隐藏在海平面之下的，它们回答了"为什么要做"这个更加重要的问题。

图中还有两个箭头，代表了"知道五元素"的两大特性。所谓共识度，指的是让执行者了解并和管理者达成一致意见的可能性。共识度越往上越高，目标则是相对而言最容易被执行者了解并和管理者达成一致意见的；而意义则是最不容易让执行者了解的，也是最难让他们和管理者达成共识的。所谓影响力，指的是对执行者产生影响并左右其投入程度的可能性。影响力越往下越大，意味着意义对于执行者来说是最具有影响力的，一旦执行者充分认同，就最能够让他们全身心投入；而目标则是相对而言影响力最小的元素。这其实也是冰山模型原本的重要含义。海面上的部分虽然可见但力量相对小，海平面下的部分虽然不可见但力量却是最大的。

基于实践和交流，我们发现，对今天的执行者，尤其是年轻的执行者来说，"为什么要做"比"做什么"和"怎么做"更加重要。也就是说，他们更加关心海平面以下的内容，这会决定他们用什么样的态度和状态来执行具体项目或工作。

现在我们可以深入探讨一下目的了。作为管理者，我们必须明确区分目的和目标，避免混淆。前面我们已经提及，目标是项目或工作需要达成的具体结果，需要符合ASMART 原则。而目的则是结果的价值所在，通常是抽象和概括性的，与组织的长期战略或中短期发展规划紧密相关，是对为什么要实现某个目标的解答。

例如，业务员花费 3 天时间与某位客户洽谈业务，目标可能是签订一份总价值为 5 万元的购货合同。然而，其目的可能是提高产品在某地区的市场占有率，或者成为该客户的供应商，借助该客户的影响力进入当地市场。

对执行者来说，了解具体项目或工作的目的能够极大地提高他们对目标的认同感和主观能动性。举个例子，如果你对下属说："请你去拿把榔头来把这几个钉子砸进墙壁。"当他找不到榔头时，他可能会直接告诉你："没有找到榔头。"最理想的结果是，他可能会拿块砖头回来，问你："没有榔头，用砖头行不行？"这是你想要的结果吗？

换个方式，你可以说："请你去拿把榔头来把这几个钉子砸进墙壁，我们需要把这批壁画挂到钉子上，用来装饰这个房间。"如果他找不到榔头，最糟糕的情况是他可能会拿块砖头回来。而更有可能的情况是他会想办法去找其他合适的工具，比如自粘无痕挂钩，并提议："用无痕挂钩会更加美观吧？"甚至，他可能会给你一些建议："我们或许可以用其他方式来装饰房间。"这样的下属是不是更符合你的期望呢？

对管理者来说，能够准确地向执行者传达具体项目或工作的目的，将极大提升自身的权威和可信度。然而，这也带来了一个新的挑战：管理者是否能准确解读组织的长期战略或发展规划。为了解决这个问题，我们为管理者提供两个建议。

第一，要主动与上级管理者进行沟通，来准确理解公司的战略和发展规划。大多数有一定规模的组织都会向各级管理者解释公司的战略和规划，在公司内部，这并不是什么秘密。通过与上级交流，管理者可以更好地理解公司战略，并将其与自己需要交付给执行者的工作联系起来，继而向执行者说明为什么他现在需要做某些具体的工作或项目。

第二，要学习一些战略解码的工具和方法，并运用它们主动解析公司战略。常见的战略解码工具包括战略地图、平衡计分卡（Balance Score Card）、OKR（Objective Key Result，目标与关键成果法）、Hey 解码、BEM（Business strategy Execution Model，业务战略执行模型）、OGSM（Objectives-Goals-Strategies-Measures，目标管理法）、GSA（Goal-Strategy-Action）、SWOT 分析法、PEST 分析法、波士顿矩阵等。这些工具可以帮助管理者更好地理解和传达组织的战略意图，从而提高项目的成功率。相对而言，这是比较被动的行为，但在更大的组织中，有时候战略的传达未必及时，管理者可以使用这类工具来帮助自己更快地识别公司战略并和执行者进行沟通。

✎ **执行锦囊:**

- 对今天的执行者，尤其是年轻的执行者来说，"为什么要做"比"做什么"和"怎么做"更加重要。

- 作为管理者，我们必须明确区分目的和目标，避免混淆。

- 对执行者来说，了解具体项目或工作的目的能够极大地提高他们对目标的认同感和主观能动性。

- 要主动与上级管理者进行沟通，来准确理解公司的战略和发展规划。

- 要学习一些战略解码的工具和方法，并运用它们主动解析公司战略。

第六节

力量惊人的意义

与"目的"相比，"意义"这个词，可能让人觉得更加抽象和难以捉摸。当我们和他人探讨做事的意义时，可能会被打趣地说成是"画饼"行为。然而，对于被意义驱动的个人来说，它的力量却是最为强大的，而且是实实在在存在的。

一次偶然的机会，我在飞机上看了一部纪录片《无尽攀登》。这部电影的主人公——前中国登山队队员夏伯渝，深深地打动了我。要知道，他 26 岁时双腿小腿被截肢，42 岁时罹患癌症，但却 5 攀珠峰，并在 69 岁的高龄完成了登顶的壮举。他为何如此坚定？我相信，绝不是为了追逐劳伦斯世界体育奖，更不是为了赢得鲜花、赞誉和奖金。让他如此坚持的，唯有他内心对登顶意义的极度认可和强烈追求。

在战火纷飞的年代，无数先烈与侵略者进行殊死搏斗，最终献出了自己宝贵而又年轻的生命。他们又是为了什么呢？我相信，是保家卫国这个崇高的意义在驱使他们舍生忘死。

现实中，我们每个人也都有为自己认定的意义而全力拼搏的经历，也许没有攀登珠峰那么令人震撼，没有保家卫国那么荡气回肠。但对每一个个体来说，一定是十分重要的。比如，那些被讥讽为"小镇做题家"的莘莘学子，他们为了改变自己的未来而奋力学习，无论周围的人如何评说，都不会改变他们期待自己走出乡村，通过考试进入大城市的理想和追求，更不会让他们停下奋斗的步伐。再比如，那些望子成龙的父母，无论工作多么辛苦，总会抽出时间来教育孩子，甚至陪着孩子学习。自己的下一代或许未必需要多么出色，但至少不要在竞争中落于人后往往是他们如此行事的意义所在。

因此，如果管理者能够让执行者意识到他们需要执行的具体项目或工作的意义是十分重大的，执行者的主观能动性和韧性将达到一个让人难以想象的高度。要做到这一点，管理者要充分理解和认同组织的使命和愿景，还要准确知晓执行者的个人理想和追求。把具体项目和工作与这四点全部或部分联系在一起，才有可能让执行者同意项目或工作是有意义的。

我与游戏设计开发行业有很长时间的交集，我注意到从事游戏开发设计的人之中有一大部分是游戏的重度热爱者。

他们之所以常常加班加点，并非"被迫"或是想要挣些"加班费"，而是在游戏公司营造的"要做出最好的游戏"的文化氛围的熏染下、在"我要让自己设计开发的游戏名扬天下"的渴望中自发的行为。

作为管理者，我们要努力帮助执行者融入组织并接受组织文化，尤其是使命和愿景。更要积极地与他们交流、了解他们的理想和追求。这样才有可能在安排工作时让他们意识到具体工作和组织使命、愿景和自己的理想、追求是息息相关的，才会从根本上激发出执行者的内在动力。

✎ **执行锦囊：**

- 如果管理者能够让执行者意识到他们需要执行的具体项目或工作的意义是十分重大的，执行者的主观能动性和韧性将达到一个让人难以想象的高度。

- 作为管理者，我们要努力帮助执行者融入组织并接受组织文化，尤其是使命和愿景。

第三章

变量 T：令执行者可以

力有不逮何来高效？

第一节

『可以四边形』

我们先来玩一个游戏吧。

图 3-1 中有 9 个点，请你完成下面的任务。

在 1 分钟内，用 5 条直线，以一笔画的方式将这 9 个点串联起来。

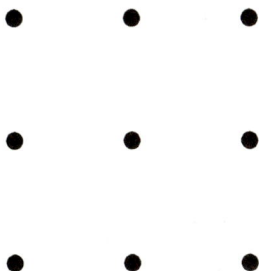

图 3-1　九点图

相信你很快就完成了。

不过游戏还没有结束，现在，还是同样的九点图（图 3-2），请你继续完成下面的任务。

在 1 分钟内，用 4 条直线，以一笔画的方式将这 9 个点串联起来。

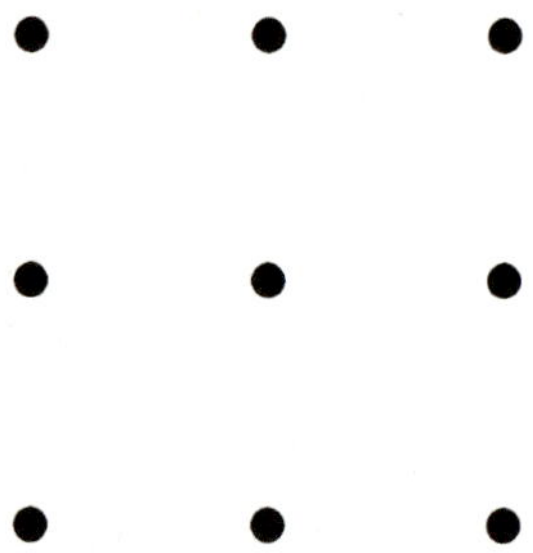

图 3-2　九点图

这次，你完成了吗？

我在培训课堂上经常请学员们玩这个游戏。根据以往的数据，只有 5% 的人能够完成第二个任务。这是一个令人咋舌的数据。要知道，我的学员绝大多数都是有着十年以上职场阅历的管理者，甚至不乏高管和企业家。

在我的记忆中，这个游戏最早出现在动画片《邋遢大王奇遇记》里。有一段情节是邋遢大王和好朋友小猫小狗在逃离老鼠王国时遇到了一个陷阱，也就是上述游戏的第二个任务，只有顺利完成，他们才能成功逃出鼠王的魔爪。

方法如图 3-3 所示。

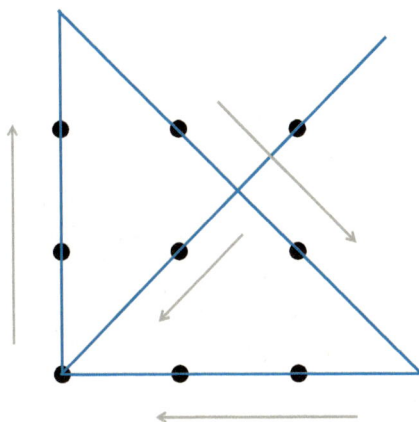

图 3-3 九点一笔画

一点都不难吧！但我猜你此时一定想说："呃，我怎么没想到……"

想要解开这道"难"题，关键在于你一定要把这 9 个点看成 9 个个体，它们只是"散点"；而不能把它们看作一个整体，它们不是"正方形"边、角和中心的"定位点"。一旦你把它看成后者，就会被限制在"正方形"的范围里面。

这么简单的一个游戏，为什么你无法在规定时间内完成呢？

学员们通常会给出以下四种理由。

理由一：我没看过这部动画片，甚至都没有听说过，我也从来没有做过这类游戏。所以，不成功，是因为没有经验。

理由二：这个游戏多少有点脑筋急转弯的意味，我已经很久没玩这类游戏了。所以，不成功，是因为眼下这段时间没有使用和锻炼这方面的技能。

理由三：我也觉得游戏并不难，只是时间太短，我没来得及求助亲友或者上网查攻略。毕竟没有规定不可以使用场外求助。所以，不成功，是因为没有充分运用外部资源。

理由四：我把自己给框住了，不敢突破，总觉得一定要在正方形的范围里完成这个游戏。当然，这也是被"误导"的结果，一开始的时候让我们用 5 条直线连接九点，很容易就能完成，固化了"正方形"的想法。所以，不成功，是因为自己的思维局限或被其他因素误导形成了局限性思维。

如果你也没成功，你会给自己找什么理由呢？

当然，上述理由都是说得通的，而且也颇具代表性。换个角度说，那些顺利完成这个游戏任务的人，要么是过去有经验——玩过类似的游戏；要么是当下有技能——最近正在脑筋急转弯的游戏世界里徜徉游戏；要么是有资源且求助效率极高——能速查网络攻略或找到专家帮忙；要么是应变意识极佳且思维足够开放——5 条直线变成 4 条后，原来的方法一试不成功，就马上重新思考，摆脱了"正方形"的束缚，而不是怨天尤人。四者都具备的"优质玩家"，更是可以不假思索地"一秒钟搞定"。

为了让高效执行方程式的第二个变量 T（令执行者可以）最大化，管理者需要做的就是采取积极有效的行动，帮助执行者在具体的工作或项目中努力成为上文所说的那种经验丰富、技能与时俱进、善用既有资源和应变意识上佳的"优质玩家"。我们把"优质玩家"的这四个特点作为变量 T 的子变量，分别是过往经验、当下技能、既有资源和应变意识。我把它们组合在一起，称之为"可以四边形"（见图3-4）。想让执行者高效执行，管理者的职责就是要让每位执行者的"可以四边形"足够大。

"过往经验"是指执行者曾经参与过类似的项目或工作，并从中总结了有助于类似项目或工作再次开展的经验或教训。丰富的过往经验可以帮助执行者更快地找到切入点，高效地开展和完成工作。

图 3-4 "可以四边形"

"当下技能"是指执行者目前已经掌握能在项目或工作中发挥作用的工具或技术，熟练且成功率高。充足的当下技能可以帮助执行者提高效率，减少失误和避免不必要的麻烦。虽然不能百分之百确保成功，但绝对可以大大降低失败概率。

"既有资源"是指执行者拥有的能够促进项目或工作开展的相应资源（包括物质资源和人际资源）。无论是公司或管理者赋予的资源，还是执行者的个人资源，都可以提升执行效率。

"应变意识"是指执行者具备积极看待与应对各种变化的意识和能力。积极不仅体现在思想和情绪上，更体现在言语和行动中。在当今这百年未有之大变局中，企业、团队都会随之不断变化。只有具备应变意识，执行者才有可能始终高效执行。

管理者对"可以四边形"的认知和掌握有两个重要的价值。

第一，它可以作为管理者甄选项目或工作执行者的参考标准。在有多个候选人的情况下，选择最合适的人必定是最高效的。

第二，它可以帮助管理者为执行者提供必要的帮助和支持。即使选择了最合适的执行者，管理者仍然需要关注执行情况并对执行的结果负责。更何况，有时候确实没有选择的余地。

现实中，在选择执行者时，管理者通常很注重执行者的过往经验和当下技能，也会留意既有资源，但往往会忽视应变意识。然而，应变意识不佳却是很多项目或工作无法被高效执行的关键症结所在，需要我们特别留意。在本章的第五节中，我将重点讲述这个问题。

✏️ **执行锦囊：**

- 管理者需要做的就是采取积极有效的行动，帮助执行者在具体的工作或项目中努力成为那种经验丰富、技能与时俱进、善用既有资源和应变意识上佳的"优质玩家"。

- 丰富的过往经验可以帮助执行者更快地找到切入点，高效地开展和完成工作。

- 充足的当下技能可以帮助执行者提高效率，减少失误和避免不必要的麻烦。

- 无论是公司或管理者赋予的资源，还是执行者的个人资源，都可以提升执行效率。

- 只有具备应变意识，执行者才有可能始终高效执行。

第二节

过往经验需要注意时效

经验的力量是巨大的，它能帮助执行者更快地找到切入点，高效地开展和完成工作。因此，管理者都非常重视经验。现实中，各单位在招聘时，几乎所有岗位都要求招募有工作经验的人，甚至在选聘应届毕业生时，用人单位也非常看重学生的实习经历。

然而，作为管理者，我们需要小心避免两个陷阱。第一个陷阱是认为只要做过某事就代表有经验。实际上，只有对经历进行过复盘和提炼才能真正产生经验。有些执行者只是机械地完成任务，交差了事，根本不愿意花时间去思考和总结。这样即使他们做了很多次某事，也仍然缺乏经验。因此，管理者需要在日常工作中经常促使和帮助团队成员进行全面复盘，总结成败得失。在选择执行者时，也需要与他们深入交流，了解他们过往的经历以及这些经历给他们带来了哪些思想和行为上的改变。不能仅仅因为他们做过某事就认为他们具备相关的经验。

第二个陷阱是认为曾经的经验现在还有效。经验是有时效性、有保质期的。10 年前的经验、5 年前的经验和去年的经验对于具体的项目或工作的价值可能有很大差异。举个例子，我 20 多年前曾在白色家电行业任职，一度负责洗衣机维修人员的技术支持和培训。当时我经常分析和处理洗衣机故障，积累了较为丰富的实战经验，甚至可以做到远程指导维修人员解决复杂的故障。然而，如果今天让我去做洗衣机故障的分析和排除，我可以很负责任地告诉你，成功的可能性可以忽略不计。当然，我们不能简单地认为去年的经验就一定比 10 年前的更有价值。因此，管理者在选择执行者时需要通过交流认真分析他们拥有的经验对于即将要做的工作有多大价值。我们要充分尊重经验，但也要避免被经验所迷惑，做出想当然的判断。

最后，管理者自身可能也具有相关的经验。尤其是大多数企业里的中基层管理者都是从一线成长起来的。把自己的过往经验及时、准确地分享给执行者是非常重要的。同时，在执行过程中，管理者还应该利用自己的职权和资源，从各类渠道搜集有用的经验，并及时传授给执行者，丰富他们的经验和提高实效性。

✎ **执行锦囊：**

- 管理者需要在日常工作中经常促使和帮助团队成员进行全面复盘，总结成败得失。

- 管理者在选择执行者时需要通过交流认真分析他们拥有的经验对于即将要做的工作有多大价值。

- 把自己的过往经验及时、准确地分享给执行者是非常重要的。

第三节

持续发展当下技能

　　当下技能也备受管理者重视。在招聘过程中，很多企业会设置技能测试环节，通过让候选人答题或进行实际操作，比如写代码、接电话、处理文件等来评估其是否具备相关技能。这是一种值得推荐的方法。

　　在关注当下技能对高效执行的影响时，管理者需要特别注意两点：一是技能的相关性，二是技能的持续发展。

　　执行者的技能未必能与工作所需技能完全吻合，但必须具备相关性。例如，在一项商务谈判工作中，如果恰巧专职商务人员都无法参与，而在可安排的团队成员中只有一位客服人员、一位财务人员和一位研发人员。假设这三位在本职岗位上的工作表现都是出色的，那么从技能角度来看，客服人员是最合适参与商务谈判的人选。这是因为商务谈判所需的关键技能包括亲和力、思辨力和表达力，而这些技能恰好是客服人员工作技能的组成部分。尽管客服人员的技能不能完全等同于商务人员，但它们具有相关性。因此，管理者在选择执行者时，首先要分析待执行的项目或工作所需的关键技能，然后评估潜在执行者的当下技能与所需技能的相关性。技能相关性越大，高效执行的可能性就越大。有时，当下技能的相关性比过往技能的一致性更有利于高效执行。

不开玩笑地说，如果现在要从我和一位目前从事冰箱维修工作的维修人员中挑选一个人去维修洗衣机，选我一定是错误的。

技能是需要持续发展的，没有人能够确保自己的技能永远领先，因为技能也具有时效性。因此，管理者不能简单地将项目或工作交给执行者后就放任不管，当甩手掌柜，尤其是那些需要长时间完成的工作。在执行过程中，管理者需要对执行者进行必要的培养和发展，以确保他们始终处于高效执行状态。

因此，管理者需要掌握并运用一些有效的培养和发展执行者的方法。本书将为您介绍四种常用的发展方法，供您根据实际情况选择使用，如图3-5所示。

第一种方法为解题式指导，是指管理者通过直接为执行者提供建议，帮助他们解决实际问题，从而使他们对某些流程、工具、技术等产生直观的认知。通常，管理者采用这种方法是希望执行者在掌握技能后能够举一反三。例如，当用户的微波炉出现复杂故障，上门服务的维修技师无法解决问题时，维修主管会让技师把产品带回公司。亲自对产品进行测试和分析，之后会给维修技师提供直接的解决方案，并进一步解释这类问题，以提高维修技师处理此类故障的技能。

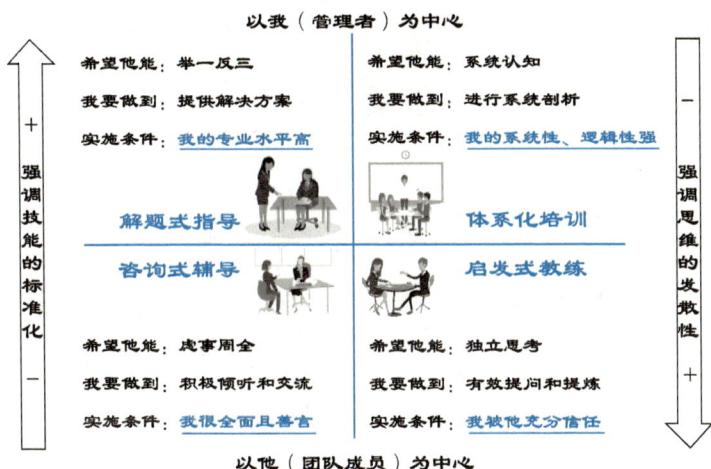

图 3-5　发展当下技能的常用方法

　　进行解题式指导有两个前提。首先，管理者必须具备较高的专业水准，能够解决实际问题，这是让执行者信服的基础。其次，想要发展的技能必须具有可标准化的特点。这意味着该技能可以被分解为一系列步骤或规范，并可通过示范和讲解来传授给执行者。

进行解题式指导，管理者需要注意以下几点。首先，应该确保自己的建议是针对具体问题的，并且是可操作且有效的。其次，应该鼓励执行者在接受指导后尝试自己解决问题，并提供反馈和支持。最后，应该在类似问题再次发生时，不急于发表自己的观点，而是让执行者先行尝试解决并说明解决思路，以确保他们真正能够举一反三。

第二种方法为体系化培训，是指管理者通过系统剖析某种技能，帮助执行者完全了解和掌握该技能。这种培训可以是一对一进行的，也可以是一对多进行的。然而，体系化培训的目的并不是提供具体问题的解决方案，而是要帮助执行者建立系统认知，在遇到与之相关的问题时能够从系统性的角度进行思考。

例如，销售主管会对自己的团队成员进行产品销售技能的系统性培训。这种培训可能包括产品的生产过程、卖点、潜在客户的特点、销售常用话术、异议的应对策略等各个方面。通过体系化培训，执行者能够更全面地掌握产品的销售技能，并在实际工作中更好地运用它们。

进行体系化培训也有两个前提。首先，管理者自身必须具备较强的系统性和逻辑性，能够进行清晰的说明。这是让执行者信服的基础。如果管理者在培训中缺乏条理性和系统性，语焉不详或逻辑混乱，反而会引发执行者对管理者专业能力和权威性的质疑。其次，想要发展的技能也必须具有可标准化的特点。这意味着该技能可以被分解为一系列的步骤或规范，并通过培训来传授给执行者。

进行体系化培训，管理者需要注意以下几点。首先，应该确保培训内容全面、系统，要对相应技能进行结构化的拆解。其次，应该采用多种教学方法，如讲解、演示、练习等，以确保执行者能够充分理解和掌握技能。最后，应该采取一些测评方法，以确认执行者有了系统化的认知和分析能力。

第三种方法为咨询式辅导，是指管理者通过与执行者进行深入交流，帮助他们拓宽思路，全面地看待现象和分析问题，并使他们从管理者的案例分享中提升自己的技能。这种方法大多是一对一进行的，更注重意见交换和故事分享。例如，在一家贸易公司，经理发现业务代表小周在与客户沟通时经常遇到困难，给达成合作造成了阻碍。为了提高小周的沟通技能，经理和她进行了一对一的交流，倾听了小周的困惑和面临的挑战，并给小周讲了自己曾经成功处理的一次艰难的客户谈判的故事，让小周有了共鸣，并从中汲取了经验。通过这次交流，小周不仅学到了一些人际沟通的技巧，还拓宽了思路，学会了多角度看待问题。

对管理者来说，咨询式辅导需要自身具备全面思考和善于表达的能力。管理者可以用讲故事的方式分享自己曾经经历过的事情，让执行者产生共鸣。这种方法更适用于发展那些没有标准答案的技能，如人际沟通、团队管理等。

开展咨询式辅导时，管理者需要注意以下几点。首先，应该确保与执行者进行充分的交流，并真正倾听对方的意见和想法。这有助于建立信任和理解，使执行者更愿意和管理者对话。其次，管理者应该鼓励执行者提出自己的观点和解决方案，以促进他们的思考和成长。最后，管理者应该适时指出执行者思考的盲区或是没有考虑周全的部分。

第四种方法为启发式教练，这是一种近年来在职场上备受推崇的人才发展方式。这种方法注重促进被发展者的独立思考，管理者需要通过向执行者提出一系列问题来启发他们思考，让执行者自己发现需要改善的地方，并找到适合自己的方式来进行调整和提高。启发式教练同样适用于发展那些没有标准答案的技能。

例如，在一个软件开发团队中，经理发现程序员小张在编写代码时总是出现相似的错误。为了提高小张的编程技能，经理没有直接指出小张的错误并纠正他，而是通过一系列问题来引导小张思考。例如，你觉得这段代码可能存在什么问题？你上次遇到类似的错误是怎么解决的？通过不断提问和追问，小张逐渐意识到自己的问题，并找到了解决方法。这不仅提高了小张的编程技能，也增强了他的独立思考能力。

然而，对管理者来说，启发式教练方法的难度也是最大的。它不仅要求管理者善于提问、倾听和提炼，还要求他们与执行者建立良好的互信关系。因为启发式教练方法意味着不停地提问和追问，这要求执行者对管理者有足够的信任，才能保持耐心并积极参与交流。

想象一下，如果在交流过程中，对方只是不停地向你抛出问题，而很少给出正面的回答或观点，你可能会感到不耐烦，失去继续交流的意愿。同样，如果执行者对管理者缺乏足够的信任，他们可能会在听了三四个问题后失去耐心，导致启发式教练无法取得预期的效果。这甚至可能引起误会和引发冲突。

因此，运用启发式教练方法，管理者需要注意以下几点。首先，应该确保与执行者建立良好的互信关系，让执行者感受到自己的支持和理解。其次，应该学习提问、倾听和提炼的技巧，有效使用以启发执行者的思考。最后，应该鼓励执行者积极参与交流，并提供反馈和支持。

这四种培养和发展执行者的方法各有特点。解题式指导直接帮助执行者解决问题，体系化培训全面剖析技能，咨询式辅导拓宽思路并促进交流，启发式教练则强调独立思考。解题式指导和体系化培训适用于有标准答案的技能，而咨询式辅导和启发式教练更适用于没有标准答案的技能。同时，这四种方法都需要管理者具备一定的专业能力和技巧，如提问、倾听、提炼等。

管理者应根据实际情况选择最适合的方法，明确培养目的，并在执行过程中给予执行者足够的支持和指导。培养和发展执行者是一个长期的过程，需要持续投入时间和精力。只有这样，才能真正不断提升执行者的当下技能，为高效执行打下基础。

✏️ **执行锦囊:**

• 管理者在选择执行者时,首先要分析待执行的项目或工作所需的关键技能,然后评估潜在执行者的当下技能与所需技能的相关性。

• 在执行过程中,管理者需要对执行者进行必要的培养和发展,以确保他们始终处于高效执行状态。

• 管理者需要掌握并运用四种常用的培养和发展执行者的方法,即解题式指导、体系化培训、咨询式辅导、启发式教练。

• 培养和发展执行者是一个长期的过程,需要持续投入时间和精力。

第四节

激活既有资源

在选择执行者时，管理者往往也会注意到其既有的资源。例如，企业在招聘业务人员时，通常会关注候选人是否拥有行业资源，即在本公司业务开展的目标行业中是否有相应的人际资源。人际资源有助于赢得客户信任，打开局面。然而，在选择非业务类项目或工作的执行者时，管理者也应重视执行者是否拥有相应的资源。值得注意的是，在人工智能突破性发展的背景下不断开发的各类软件等专业工具也是非常重要的资源，尤其在管理者或企业暂时缺乏这类资源时。

但是，现实中，我们经常会遇到拥有资源但不知如何使用的执行者。所以，管理者不能被动地等待执行者拥有和使用这些资源，而应采取行动主动激活他们拥有的个人资源，并积极帮助他们充分实现这些资源的价值。具体而言，可以这样做。

首先，了解执行者的资源。管理者需要主动与执行者沟通，了解他们拥有哪些资源，并鼓励他们分享和利用这些资源。这有助于建立信任和理解，使执行者感受到管理者的支持和重视。

其次，提供支持和指导。管理者可以为执行者提供必要的支持和指导，帮助他们更好地利用自己的资源。例如，可以提供相关的培训、建议或介绍业界专家，帮助执行者梳理自己的人际关系，找到有效运用人际关系资源的方法，还可以进一步拓展执行者的人际关系。

再次，制订合作计划。管理者可以与执行者共同制订合作计划，明确双方的目标和期望，以及如何利用执行者的资源来实现共同的目标。这有助于确保资源的有效利用，并促进团队合作和协调。

最后，激励和认可。管理者应该给予执行者适当的激励和认可，以鼓励他们积极利用自己的资源。这可以包括奖励、晋升、表扬或其他形式的认可，以激发执行者的积极性和创造力。

另外，在激活执行者的既有资源时，管理者还要注意以下几点。

第一是要尊重他们的意愿。管理者应该尊重执行者的意愿和选择，不强迫他们分享或利用自己的资源。只有当执行者愿意主动分享时，才能更好地实现资源的价值。

第二是要建立互信关系。管理者需要与执行者建立良好的互信关系，让他们感受到自己的支持和理解。只有这样，执行者才会更愿意分享和利用自己的资源，并与管理者紧密合作。

第三是要保持沟通和协调。管理者需要与执行者保持沟通和协作，及时了解资源的利用情况和项目进展。这有助于确保资源的有效利用，并及时解决问题和调整计划。

第四是要注意资源的合规性。在激活执行者的既有资源时，管理者需要确保资源的合规性。避免利用不当资源或违反法律法规，以维护企业和团队的声誉和形象。

在资源利用方面，具有丰富阅历和经验的管理者通常比执行者更敏感，因此，在具体项目或工作的执行过程中，可以多一些思考，并与执行者多交流，这有助于既有资源的利用，充分发挥执行者的潜能，确保高效执行。

✎ **执行锦囊:**

- 管理者不能被动地等待执行者拥有和使用资源,而应采取行动主动激活他们拥有的个人资源,并积极帮助他们充分实现这些资源的价值。

- 了解执行者的资源。

- 提供支持和指导。

- 制订合作计划。

- 激励和认可。

- 多一些思考,并与执行者多交流。

第五节

应变意识需要特别重视

执行者的应变能力往往被管理者忽视。这并不是因为管理者缺乏对变化的认知，而是因为他们错误地认为经验丰富、技能专业和资源充足的执行者会自然而然地积极应对变化，并能制定出有效的应对策略。然而，事实上，大多数拥有丰富经验和专业技能的执行者在面对变化时往往最为消极。因为变化意味着他们无法简单地复制过去的经验，需要重新思考和调整，这对他们来说是一种挑战，会给他们带来一种"一切归零"的不适感，甚至引发消极情绪。

就像本章开始时请你玩的游戏一样，当五条直线变成四条时，很多有经验的人反而会感到束手无策，甚至主动选择放弃。在真实的商业环境中，这样的案例不在少数。曾经胶卷行业的霸主柯达公司，虽然发明了世界上第一台数码相机，但他们并没有充分认识到数码相机技术的潜力，而是选择了将其束之高阁。最终，当胶卷相机被数码相机全面超越和替代时，柯达不得不申请破产保护。同样，曾经手机市场的领导者诺基亚公司，在智能手机时代来临之际，他们未能及时顺应变化，坚持自己的塞班（Symbian）操作系统，而未能及时转向安卓（Android）或其他更先进的操作系统。

最终，他们在市场上的份额急剧下滑，不得不将手机业务出售给微软。这些鲜活的、惨痛的案例向世人充分证明了应变并不是强者必然拥有的天赋，而极有可能是强者的致命短板。

变化无处不在，我记得 20 年前的管理者就经常说："世界上唯一不变的就是变化！"当时我对这句话的理解并不深刻，但现在它变得异常真切。在企业中，无论是组织结构、制度流程、工具方法，还是人员，乃至业务形态，都在不断地变化和迭代。因此，执行者必然会面临这样的情况：在接受工作时是一种情境，开始执行时是另一种情境，执行到一半时，情境又发生了变化。

为了保持高效执行，执行者必须具备积极的应变意识。当变化来临时，他们不但能够坦然面对，不放弃，少抱怨，更不会因为自己所拥有的经验和技能而自负，轻视变化，而是通过积极的思考和调整来顺应变化，并取得成功。

我本人曾经在这方面有过深刻的教训。2011 年，我是一家创业公司的股东，在公司里负责市场销售方面的工作。有一天，市场经理来找我，说是市场上出现了一款叫"微信"

的工具，已经开始被一些行业用于市场推广，建议我关注并组织讨论一下如何借助微信来开展营销宣传和销售。我只是粗略地了解了一下，就拒绝了他的提议，并给出了一个结论："这不就是不花钱的短消息吗？"也因此，公司错失了先机。等我意识到微信在推广和销售方面的价值时，我们已经落在了不少竞争对手的后面。

坦率地说，我之所以会拒绝，并不完全是因为"看不上"这个新工具，而是因为当时我认为传统的营销方法在网站、搜索引擎、地推活动之类的应用上运转得不错，而且收效也是明显的，更是我熟悉的。而增加一个新渠道，不仅需要投入人力、物力，还需要花时间从头琢磨，成功与否不知道，我也将失去对它的掌控。

因为不以为意，所以失了先机，从这个角度看，彼时的我并没有表现出一个高效执行者应有的应变素质。

管理者在选择执行者时应尽可能选择应变意识良好的人。然而，我们不能指望执行者生来就具备应变意识。管理者必须采取有效的行动帮助执行者树立积极的应变意识。为了实现这个目的，管理者需要做好三件事。

首先，管理者需要不断向执行者和潜在执行者强调变化的必然性，让每个人都认识到变化是不以个人意志为转移的，必须做好应对变化的思想准备。这与前文提到的让执行者了解风险有相似之处，但差别在于变化未必能被我们预测。同时，管理者也要让那些有经验和资源的执行者意识到，变化也可能带来新的机遇，千万不要因为自己过去的成功和当下的习惯而轻视变化可能产生的价值。

其次，管理者需要培养执行者和潜在执行者的创新能力。创新是应对变化的法宝。虽然很多企业都会把创新作为企业文化进行推广，但并不是每个企业都能做到、做好创新。很多人仍然习惯于把"这不可能"挂在嘴边，而其症结正是我们之前提到的"经验"。经验虽然能够提高执行效率，但它也是思维局限的主因，构成了人们的思维边界。想要创新就必须突破思维边界，而要突破思维边界就必须"放下"经验。

具体来说，在工作中，一旦我们发现某项工作很难用原有的经验去应对，就必须放下经验，进行归零思考。请回想一下本章开头的游戏——4条直线连接9点。大多数人会在经验的驱使下将 9 个点组成的范围看作一个正方形，然后努力解题，最终一无所获。此时唯有放下经验，不把 9 个点看成正方形，只把它们看成 9 个独立的点，回归本质，才有可能找到解决问题的方法。

管理者一旦注意到执行者陷入经验的泥沼中，就应主动与他们沟通，帮助他们找到思维边界或思维定式，然后提醒他们放下经验，这样才能有所突破。另一方面，管理者也必须掌握一些创新工具，通过指导或培训的方式，让执行者尽可能多地掌握一些创新工具，这也有利于他们积极应变。这些工具包括设计思维、创新漏斗、发明问题解决理论（TRIZ / TSIP）、六项思考帽、创新魔方、奔驰法、头脑风暴、创新矩阵等。

在诸多创新工具中，我个人比较喜欢的是"六项思考帽（Six Thinking Hats）"，它对于群体创新和决策很有帮助。六项思考帽是英国心理学家爱德华·德·波诺（Edward de Bono）先生在 20 世纪 60 年代末提出的，欧洲创新协会因此将他列为历史上对人类贡献最大的 250 人之一。六项思考帽用六种颜色表述了人的六种思维模式，分别是白色代表事实思维，红色代表感性思维，绿色代表创造思维，黄色代表乐观思维，黑色代表悲观思维，蓝色代表控制思维。

在群体创新和决策过程中，参与者们应该在同一时间运用同一种思维模式思考问题，这样不但可以激发灵感，让相关的信息更有效，而且可以避免因为思维模式不同而产生冲突，降低创新和决策的效率。

举个例子，某工厂经常在过年之后面对工人因请假返厂不及时，导致生产效率下降的问题，因此专门召开了由各部门经理参加的会议，想要找到一个有效的办法来解决这个问题。过去在进行此类话题讨论时，经常会出现与会者各持己见，争论不休甚至争执不下的局面。因此，本次会议，会议主持人尝试使用六顶思考帽的方法来组织大家展开讨论。

第一步，主持人要求参与者一起戴上蓝色的帽子，将需要讨论的问题界定清楚。究竟要解决什么问题，这是创新和决策的重要起点，也是之后评价成功与否的终点，需要进行充分地讨论并达成共识。经过交流，确定本次试图解决的问题是如何确保年后工人们能够立即投入生产，不造成工期的延误。

第二步，主持人让大家一起戴上白色的帽子，将与问题相关的各类事实尽可能地说出来。问题清楚了，事实才能够不被遗漏地呈现出来。在这个步骤中，一定要把事实和感受区分开来，"最近一次有 500 人参加了活动"是事实，而"最近一次参加活动的人很多"则是感受。经过交流，大家把能够想到的基本事实都罗列了出来。比如，"80% 的工人是周边省市的务工人员，他们是要回家过年的""72% 回家过年的工人会有额外请假的情况发生""10% 回家过年的工人可能会一去不回""一线工人的平均年龄是 27 岁""一线工人女性占比为 68%""周边省市的务工人员单程返厂的时间平均为 3.5 小时"等。

第三步，主持人让大家一起戴上绿色的帽子，基于事实发表意见，进行充分的奇思妙想。由于有了各类事实作为基础，因此很少会出现过于夸张和离谱的"创新"，而且事实也是创新的切入点。要求每个人都说出至少一个新点子是很必要的，可以鼓励后表达的人在之前表达的人的基础上进行叠加。很多有价值的创新就是在不断叠加的交流中诞生的。比如，"公司往周边省市派班车接回工人，减少他们因为买不到车票而延迟返厂的情况""公司为准时返厂的工人提供额外的奖金""公司把准时返厂的工人的家属一起请回来，为他们提供住宿，直到元宵节""公司为准时返厂的工人的家属颁发特别奖励""将工人准时返厂作为生产管理人员的考核指标"等。

第四步，主持人要求与会者一起戴上红色帽子，用情感和直觉做出选择。也就是在众多的新想法中，更喜欢哪几个。可以采取少数服从多数的方法选出两三个有感觉的、喜欢的方法。比如，经过投票，"公司往周边省市派班车接回工人，减少他们因为买不到车票而延迟返厂"和"公司为准时返厂的工人提供额外的奖金"被选出。

第五步，主持人请与会者们戴上黄色的帽子，用乐观的视角对刚入选的两三个方案进行思考，并找到它们各自的好处（价值）且说出来。在这个过程中，每个人都需要从乐观的角度表达对每个方法的支持性观点。比如，"公司往周边省市派班车接回工人，减少他们因为买不到车票而延迟返厂"的好处有"节约工人的成本""减少工人买票的顾虑"等；而"公司为准时返厂的工人提供额外的奖金"的好处有

"让工人获得更多实惠""能够带来群体效应，让更多人效仿"等。

第六步，主持人请所有与会者者戴上黑色的帽子，一起用悲观的视角对刚入选的两三个方案进行思考和说明，把它们各自会带来的麻烦和风险尽可能找出来。在这个过程中，每个人同样都需要表达对每个方法的担忧。比如，"公司往周边省市派班车接回工人，减少他们因为买不到车票而延迟返厂"的风险有"一旦堵车，反而会造成集体延误""存在发生交通事故，群死群伤的风险""公司会为此支出很高的成本"等；而"公司为准时返厂的工人提供额外的奖金"的风险有"金额不好把握，可能完全起不到刺激工人的作用""过高的金额会增加公司的成本，包括社保和税收的成本"等。

第七步，主持人要求所有人再一次戴上蓝色的帽子，基于刚才获得的多方面的信息做出最终判断，在刚入选的两三个方案中选出最优方案。此时的结论是共同理性思考的结果。由于每个人都已经表达了自己对每一个方案的认可和担忧，所以极少会出现只"捍卫"自己的观点的情况，与会者可以在祥和、友好、理性的氛围中得出结论。而一旦结论做出，主持人就可以继续引导大家思考应对风险的方法，既实现了创新，也为克服创新带来的挑战做好了准备。

最后，管理者需要鼓励执行者在平时的工作中进行创新，而不仅仅是在变化来临时才这样做。这样才能建立起积极的应变和创新文化，在真正的变化来临时，执行者才有可能展现出日常积累的创新意识。

不得不说，在大变革时代，应变意识和创新能力是高效执行非常重要的保障，可以还是不可以已经不完全取决于执行者有多么丰富的经验，管理者在选择和培养执行者的时候，一定要对执行者的应变意识进行分析和判断，尤其是对管理者自己不可能实时跟进的项目或工作。

执行锦囊:

- 为了保持高效执行，执行者必须具备积极的应变意识。

- 管理者在选择执行者时应尽可能选择应变意识良好的人。

- 管理者需要不断向执行者和潜在执行者强调变化的必然性，让每个人都能够正确认识到变化是不以个人意志为转移的，必须做好充分的思想准备。

- 管理者需要培养执行者和潜在执行者的创新能力。

- 管理者需要鼓励执行者在平时的工作中进行创新，而不仅仅是在变化来临时才这样做。

第四章

变量 E：使执行者愿意

漫不经心何来高效？

第一节

『愿意金三角』

如何让执行者愿意把精力和热情投入到具体的项目和工作中？这是一个让很多管理者挠头的问题，也是许多组织都在面临的问题。在我多年的咨询、培训中，这个问题被频繁地提及。而且，近年来，这个问题变得越来越具体。比如，怎么让新生代（如"95 后""00 后"）的执行者更加积极主动？怎么让临近退休的老员工更加积极主动？怎么让能力和自己差不多的执行者更加积极主动？怎样让自己的平级同事或者其他部门的同事更加积极主动？

这个问题看似简单，回答起来实则不易。管理者需要具备两样东西才能轻松搞定。第一样是绝对大的权力。当你能够让执行者意识到你的权力足以影响他们在组织里的生存，而且他们又特别在乎这种生存感的时候，他们就会十分"愿意"执行。第二样是足够多的物质资源。当你能够不断给予执行者符合乃至远超他们预期的物质回报的时候，他们也会"十分"愿意执行。

然而，现实总是骨感的。管理者往往会面临两个令人苦恼的问题。

第一是权力不够大，或者说对方根本不在乎管理者的权力对他们造成的影响。那些管理者的权力很难直接影响的人自不必说，比如平级同事或跨部门的合作者；就是本部门的下属，比如那些资深的执行者，他们在职场中的阅历可能比管理者都要多，关系更广，也很少会"畏惧"管理者的权力。再比如，像"95后""00后"这样的职场新生代，他们的家庭条件可能也比较优渥，也很自信，因此很少会因为害怕受到惩罚而"屈服"。更有一种可能性，管理者如果过度依赖于使用权力去命令执行者，会有人把这种行为称为PUA（上级通过打击下级的自信而对下级进行精神控制），并予以反击，搞得管理者狼狈不堪。

第二是所掌握的物质资源难以满足执行者不断增长的需求。借助金钱的力量，比如发奖金、涨工资之类的行为去激励执行者是管理者最喜欢做，也往往被认为是最有效的方法。现实情况是没有任何组织能够为管理者源源不断地提供资金。所以，这也造成了相当一部分管理者总是抱怨，公司对自己的支持不够，以至于自己没有办法让团队成员始终高效执行。然而，就算公司能够不断提供资金，管理者也必须明白，用物质刺激使执行者愿意去做事是极具风险的做法。

因为这会不断强化执行者的"交换思维"，让他们认为，做任何事都需要交换，一旦无法交换或是他们认为交换的筹码不够，他们就不会采取行动。这种案例非常多。

某公司习惯于通过发高额奖金来刺激业务人员做销量，业务人员也在一次比一次丰厚的奖金刺激下你争我赶，一派积极向上的景象。然而，由于公司对外投资未如期赎回的缘故，将某个季度的奖金额度做了下调，结果当季业绩断崖式下跌。面对经理的质问，业务人员理直气壮地回应："给的奖金比之前少，这是不公平的，是对我的克扣。什么时候公司把我应得的补上了，什么时候再对我提要求吧。"这还算是比较好的，业务人员只是有些消极的情绪和行为。最糟糕的是，一旦让执行者养成了交换思维，那么他们被竞争对手用更高的经济利益挖走，就会成为理所当然的事情，除非你能保证自己给执行者的收入始终让竞争对手望洋兴叹。

真诚地提醒管理者，过度依赖权力和物质是激励执行者的陷阱。一旦陷入其中，不仅难以自拔，还必定会对团队关系和执行力造成负面影响。

那么，有没有更安全、更积极的方法激励执行者呢？答案是肯定的，而且这样的方法有很多。我推荐管理者了解并掌握一种模型——"愿意金三角"（见图 4-1）。通过理解这个由动机、承诺和信心三个要素组成的模型，管理者可以找出许多有效的激励方法。

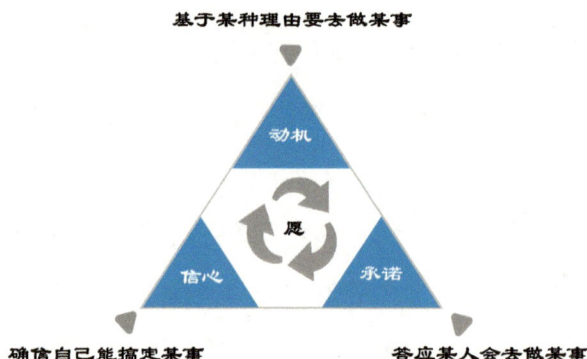

基于某种理由要去做某事

动机

愿

信心   承诺

确信自己能搞定某事   答应某人会去做某事

图 4-1 "愿意金三角"

动机是人们行动的驱动力，它可以来自内部，如个人兴趣、价值观或目标，也可以来自外部，如奖励、认可或惩罚。当一个人基于某种理由去做某事时，那个理由就是他的动机。管理者如果能了解执行者的动机，就能知道如何激励他们，以及如何保持他们的热情。

承诺即应允、同意，可以分为内在承诺和外显承诺。实践中通常表现为答应某人会去做某事。管理者如果能让执行者对项目或工作的目标做出承诺，就可以提高他们的工作动力和投入度。

信心是指个人对自我价值和能力的肯定。信心的强弱可以通过情绪反应、言语行为等表现出来。实践中通常表现为确信自己能搞定某事。在面对挑战和困难时，有信心的执行者更容易坚持下去。管理者如果能够通过积极的行动来帮助执行者建立、提升和维持信心，则可以大大提高高效执行的可能性。

在几何学中，三角形是最稳定的结构。同样，在寻找有效的方法使执行者愿意时，管理者如果能针对具体的个人找到一种或一系列能同时满足"愿意金三角"三个要素的方法，就能充分激发执行者的热情和投入度。这样不仅能确保高效执行，还能营造出更积极、更和谐的工作氛围。

✎ **执行锦囊：**

- 过度依赖权力和物质是激励执行者的陷阱。

- 通过理解"愿意金三角"，管理者可以找出许多有效的激励方法。

- 管理者如果能了解执行者的动机，就能知道如何激励他们，以及如何保持他们的热情。

- 管理者如果能让执行者对项目或工作的目标做出承诺，就可以提高他们的工作动力和投入度。

- 管理者如果能够通过积极的行动来帮助执行者建立、提升和维持信心，则可以大大提高高效执行的可能性。

第二节

满足动机

动机是人们行动的驱动力，每个人在做每件事时都可能有不同的动机。在职场中，以下是一些常见的做事动机：为了升职、加薪，为了获取奖金，为了得到他人的赏识与赞扬，为了让自己快乐，为了学到更多的技能，为了赢得他人的好感，为了避免利益受到损失，为了建立特定的关系，为了表现自己的实力，以及为了搞清楚这么做究竟会发生什么……

这些动机都可以激励人们积极投入工作，提高工作效率和质量。然而，这些动机并不是彼此孤立的，它们可以相互作用并互相影响。进一步的研究发现，无论动机来自内部还是外部，都与人的四种基本心理需求息息相关：利害心、成就心、权力心和好奇心。

利害心是一种基本的人性。俗话说，趋利避害，人之常情。人人都想获得更多的利益以及极力避免损失，这是很自然的事情。当执行者注意到做某事能够给自己带来利益且自己很想获得时，或不做某事会给自己造成损失且自己很在意这个损失时，就会尽力去做这件事并努力把事情做好。例如，很多保险公司都有三个月考察期制度。在三个月内，公司会为业务人员支付基本的酬劳，但同时设定业绩目标。如果三个月内无法完成基本的业务指标，这位业务人员就会被淘汰。为了避免被淘汰，业务人员会在三个月内努力学习业务知识并竭尽所能地调动所有可能的资源去开拓业务。这就是利害心的一种体现。再比如，有些职场人认为自己很有才华，只是缺少曝光的机会。因此，当被安排代表部门或项目小组向高级别领导汇报工作时，他们就会准备得十分充分。这是因为他们知道这是非常重要的在领导面前表现自己的机会，一旦得到领导的赏识，就有可能被关注并获得快速晋升的机会或被赋予更重要的职责。这也是利害心的一种体现。

成就心是指人们渴望成功并获得成就感的心理需求。有些人对成就感的渴望大于对利益的追逐。他们只要开始做某事就必然以取得成功为目标，因为只有成功才能让他们有最大的满足感。例如，有些平面设计师经常加班加点、废寝忘食地工作，这并不是因为他们被告知会得到很多利益或是可能会受到惩罚，而是因为他们对自己的作品总是很有要求，一定要做出让自己和客户都满意的作品才行。这就是一种成就心的体现。还有一种情况是有些人只要参与到竞争性项目

中就必须获得胜利，至于胜利是不是一定能给自己带来实质
性的收益并不重要。这也是一种成就心的体现。成就感有时
是非常主观的。

权力心是指人们渴望掌握一切，成为领导者或决策者的
心理需求。这并不是说这些人一定想成为管理者，而是说他
们希望对过程有掌控，希望过程和结果都按照自己的设想发
生。例如，某位专员作为部门代表参与了一个跨部门协作
项目。他在项目组里十分积极地工作，经常加班加点，不仅
投入大量时间设计和规划本部门的工作，还深入了解其他部
门的工作内容。在协作会议上，他更是积极发言，提出了许
多建议。有人问他为什么要这么辛苦？即使项目成功，也不
太可能为他带来升职加薪的机会，失败了也不会追究他的责
任。但他表示，他并不是为了这些才这么努力的，他只是希
望项目能够按照他的设想推进。他深入了解其他部门也是为
了更好地把握整个项目的细节，以确保自己的设计能够发挥
实效。这位专员的行为就是权力心的体现。当然，那些有志
于成为管理者并为之付出努力的人，很可能也是受到了权力
心的驱使。不过，还有一种可能性，就是他们渴望升职可能

是看重了晋升后的收入增长，这体现了他们的利害心。

好奇心是指人们被新鲜事物所吸引，渴望探索未知领域的心理需求。有些人之所以会积极投入某些事情，是因为这些事情对他们来说是新颖、奇特、有趣的，他们对事情的过程和结果充满了好奇心。例如，某公司的人力资源招聘专员小刘，接到了一个数据收集和分析的任务。这是一项既枯燥又需要耐心的工作。主管一开始很担心小刘的工作状态，因为她曾表示自己对重复性强的工作没有兴趣。但令人意外的是，这次她不仅没有抱怨，反而工作效率极高。主管特意与她沟通后了解到，原来她最近对人工智能技术产生了浓厚的兴趣，总是寻找机会体验。接到这个数据收集和分析的任务时，她意识到这是一个学习和应用人工智能技术的绝佳机会。于是，她利用这个机会学习了相关的人工智能知识，发现这些工具在数据收集、分析、组合和报告生成方面非常有用。因此，她非常投入并且乐在其中。这实际上是好奇心在起作用，使小刘的执行效率保持在了非常高的水平上。

综上所述，管理者了解执行者的动机，并采取行动使他们相信完成项目或任务会满足他们的需求，这是一种非常有效的激励执行者积极投入工作的手段。在将思路转化为实际行动的过程中，管理者需要重视以下三个方面。

首先，管理者要与执行者进行充分沟通，关注他们的反馈，并准确分析和判断执行者的动机。这需要管理者与执行者保持良好的互动，了解他们的需求和期望，并及时调整工作计划和目标以满足他们的动机。

其次，管理者需要对具体项目或任务进行深入分析，找出执行过程和结果中可能满足执行者动机的关联部分。这需要管理者具备一定的洞察力和分析能力，能够发现执行者的需求与项目目标的契合点，从而制定更加有效的激励措施，激发执行者的积极性和投入度。

最后，针对不同类型的执行者，管理者需要采取不同的策略。对于利害心较为明显的执行者，管理者需要特别关注与执行者的沟通，了解他们的工作状态和心理健康状况，避免他们过度关注或误解利害关系。管理者可以通过明确利益分配、提供必要的保障和支持来减轻执行者的担忧。对于成就心较为明显的执行者，管理者需要设定具有挑战性的目标，并及时给予他们肯定和鼓励。这可以通过制定具有竞争性的奖励机制、提供培训和发展机会等方式来实现，激发执行者的成就感和自我实现的欲望。对于权力心较为明显的执行者，管理者要允许执行者多角度地了解项目或任务，并给予他们一定的决策权。这可以通过安排执行者参与决策、给执行者提供项目管理机会、鼓励执行者提出意见和建议等方式来满足他们的权力欲望，同时激发他们的责任感和归属感。对于好奇心较为明显的执行者，管理者可以通过创新、引入新技术、鼓励其尝试新方法等方式来满足和激发执行者的好奇心需求。这可以通过提供培训、给予研究和发展项目、鼓励创新和实验等方式来实现，激发执行者的探索欲望和学习动力。

通过以上措施，管理者可以更好地了解和满足执行者的需求和期望，从而制定出更加有效的激励措施。同时，通过对项目或任务的深入分析，针对不同类型的执行者采取不同的策略，可以更加精准地激发执行者的积极性和投入度。这将有助于提高工作效率和质量，促进组织目标的实现。

✎　**执行锦囊：**

- 当执行者注意到做某事能够给自己带来利益且自己很想获得时，或不做某事会给自己造成损失且自己很在意这个损失时，就会尽力去做这件事并努力把事情做好。

- 管理者了解执行者的动机，并采取行动使他们相信完成项目或任务会满足他们的需求，这是一种非常有效的激励执行者积极投入工作的手段。

- 管理者要与执行者进行充分沟通，关注他们的反馈，并准确分析和判断执行者的动机。

- 管理者需要对具体项目或任务进行深入分析，找出执行过程和结果中可能满足执行者动机的关联部分。

- 针对不同类型的执行者动机，管理者需要采取不同的策略。

第三节

获取承诺

在驱动执行者高效执行的过程中，让他们做出承诺是至关重要的。承诺代表着个人或团队对一个目标、任务或价值观的认同和投入，是人们行动的源泉和动力，也是执行者愿意付出精力和热情的保证。正如意大利心理学家罗伯特·西奥迪尼在其 2006 年出版的著作《影响力》中所指出的："人们通常会倾向于采取与自己认同或承诺相一致的行动。"在我国的历史巨著《史记》中，早在 2100 多年前就对承诺的价值做出了表述。成语"一诺千金"即源于《史记·季布栾布列传》中的记载："得黄金百斤，不如得季布一诺。"《论语》也告诫世人"人而无信，不知其可也"，意思是如果一个人不遵守承诺，不讲信用，不知道他还能做什么。

现实中，很多管理者也意识到了承诺的重要性，并努力获取员工的承诺。例如，要求员工在年度绩效指标协议上签字就是一种常见的获取承诺的方式。然而，管理者必须明白，承诺分为外显承诺和内在承诺两种类型。外显承诺是人们通过口头或书面形式让他人知晓的承诺，如员工在绩效指标协议上签字或执行者在管理者面前说"我一定能搞定"。而内在承诺则未必为他人所知，通常隐藏在执行者的内心深处。例如，有些人会暗下决心一定要学好外语，或者不断告诉自己必须把某件事情搞定，这些都不会直接告诉他人。

相比之下，内在承诺比外显承诺更为真实且更具力量。在现实中，由于外界的压力，人们可能会轻易做出外显承诺，但这并不意味着这些承诺是真实有效的，也不意味着承诺者会持续努力执行。因此，外显承诺的作用往往短暂，一旦某些条件消失，承诺也会逐渐减弱。

与之不同，内在承诺一旦做出，承诺者通常会坚持不懈，遇到任何困难和阻力都不会轻易放弃。因为它源自个人的内在价值和动力，不会轻易改变。相信绝大多数为人父母者都会有这样的真实感受：自孩子出生就默默地告诉自己，要尽自己最大的努力给孩子创造最好的生活和成长条件。在这种承诺的驱使下，即便工作再辛苦，生活再艰辛，身体再疲倦，父母们也不会放弃，也依然会为孩子提供力所能及的最优条件。相信大家身边不乏这样的故事：父母为了让孩子接受更好的教育，举家搬迁到生活成本更高的城市里，为了交房租、学费和维持正常的生活，父母每天都是早出晚归，奔波在城市的每一个角落里，深夜回家，还要操持家务。无疑，没有人用权力迫使或以高额的奖赏来要求父母这样做，但他们却会为自己内心做出的承诺而奋斗不止。同样，很多学生刻苦学习，努力追求进步也同样源自于他们对自己的承诺，这就是我们常说的"我要学"。

然而，尽管内在承诺的力量极其强大，但这并不意味着管理者可以放弃获取执行者的外显承诺。事实上，在职场中，内外兼得才会产生最持久和最强大的驱动力。不断地获取外显承诺有机会让执行者的承诺由外转内。因此，管理者应该综合运用外显承诺和内在承诺，激发执行者的动力和热情，提高团队的整体效率和执行力。

管理者在使执行者愿意的过程中，需要努力获取执行者的外显承诺，并帮助他们产生积极的内在承诺。以下是一些行之有效的建议。

在制定了符合本书第二章提出的 ASMART 原则的好目标并与执行者达成共识之后，管理者可以通过直接询问、签订协议等形式来获取执行者的外显承诺。此外，举办仪式可以帮助管理者更好地实现这一目标。例如，许多企业都有"师带徒"的制度，让有经验的老员工帮助新员工掌握工作技能并融入企业。为了让老员工更加投入，这些企业会组织专门的拜师仪式，让徒弟和师傅在仪式上结对子，并签约、互赠礼物；还会让师徒代表在仪式上发言，让师傅承诺对徒弟尽心尽力，让徒弟承诺尊重师傅，努力学习。这些仪式都是获取外显承诺的方式。还有一些企业会在年会或管理层会议上安排专门的时间，让各部门的经理公开承诺实现年度绩效目标并签字。我还见过有的公司要求所有员工将自己的年度绩效目标打印在 A4 纸上，签字按手印，并把这些纸张贴在公司的宣传墙上。这些颇具仪式感的行为可以很好地强化执行者的外显承诺。但需要注意的是外显承诺的作用力比较短暂，需要不断提醒执行者才能长时间维系。

内在承诺的作用力更为持久，但要让执行者就项目或工作产生积极的内在承诺还是比较困难的。关键在于要让执行者意识到有待执行的事情是他们自己的，而不是别人的，他们是在为自己付出，而不是为管理者或企业付出。

让执行者产生积极的内在承诺，管理者可以按照下列建议去实现。

第一，让执行者了解并充分认同项目或工作的意义。在

第二章中，我们已经详细阐述了这部分内容。

第二，让执行者感到自己是项目或工作的主人，有自己的目标和追求。这可以通过鼓励执行者提出自己的想法和建议，以及给予他们一定的自主权和决策权等方式来实现。

第三，让执行者感到自己是被尊重和支持的。这可以通过定期交流、分享信息、解决问题等方式来实现。

第四，赋予执行者责任和权力，让他们感到自己有决策权。这可以通过分配任务、授予决策权、参与团队活动等方式来实现。

第五，提供及时的反馈和激励，让执行者感到自己的付出和努力是被认可和赏识的。这可以通过给予奖励、表彰、提供晋升机会等方式来实现。

相比之下，承诺对执行者的愿意的影响比动机更大。尤其是内在承诺，它可以让执行者主动投入专业技能的学习中。而专业技能的不断提升，则是三要素中对行动最有驱动性的。所以，想要实现高效执行，管理者切不可忽视对执行者承诺的获取。

执行锦囊：

- 在驱动执行者高效执行的过程中，让他们做出承诺是至关重要的。

- 管理者应该综合运用外显承诺和内在承诺的策略，激发执行者的动力和热情，提高团队的整体绩效和执行力。

- 管理者可以通过直接询问、签订协议等形式来获取执行者的外显承诺。

- 让执行者了解并充分认同项目或工作的意义、让执行者感到自己是项目或工作的主人、让执行者感到自己是被尊重和支持的、赋予执行者责任和权力、提供及时的反馈和激励，这些措施可以让执行者产生积极的内在承诺。

第四节

提振信心

信心是"愿意金三角"的第三个关键要素，也是推动执行者行动的最强动力。信心是指一个人对自身能力和价值的坚定信念和信任，它是一种积极的心态，能够激发人们面对困难和挑战的勇气。有信心的人会更加乐观地看待未来，更有决心去实现自己的目标。

从古至今，有很多人因为坚信自己能够成功而不畏艰险，奋勇向前，最终取得了成功。

近几年，中国高科技企业华为遭遇了国际市场的种种限制，面临重重困境，一度被认为会走上破产解体的道路。但是以任正非先生为首的华为人并没有失去信心，他们自力更生，坚持自主研发，在 2023 年 9 月 25 日的新产品发布会上强势推出了新手机 Mate60 系列产品，震惊了世人。这就是在拥有强大信心的基础上创造的奇迹。

管理者在驱动执行者高效执行的过程中，为了使执行者愿意投入精力和热情，让执行者保持信心是非常重要的。那么，信心要如何建立并维系呢？

在上一节中，我们提到专业技能是信心的基础。因此，无论管理者采取何种策略来提振执行者的信心，确保执行者具备专业技能并能够充分展现都是必不可少的。为此，管理者必须重视执行者和潜在执行者的技能培训。缺乏技能的执行者从根本上说是无法真正建立信心的。

另外，信心和成就感、挫败感的关系十分密切。在某个领域不断让人获得成就感，可以让个体在这个领域产生强大的信心并始终维系。然而，当挫败感出现时，如果不加以积极的管理，就会导致个体丧失信心。例如，一个学生在学习过程中不断取得好成绩并得到了老师、家长的及时表扬和奖励，这会使他产生成就感，对自己的学习能力产生信心，并在以后的学习中更加努力。相反，如果学生在学习过程中成绩不佳，而家长或老师不帮助他分析原因、给予实际帮助和鼓励，而是指责、批评，甚至说他"不是学习的料"，就会放大他的挫败感，使他越发不愿意投入学习，甚至产生强烈的厌学情绪。同样，如果一个销售人员不断达成销售目标并获得预期回报，他就会对自己的销售能力产生信心，更加愿意面对之后的销售工作，甚至愿意挑战更艰难的销售场景。然而，如果销售人员出师不利，在客户那里吃了闭门羹，未能顺利达成销售目标，就会产生挫败感。此时，如果管理者不帮助他分析原因，提供必要的解决方案，而是一味地批评和指责，要求他自我反思，甚至威胁要解雇他，大概率会让他产生强烈的挫败感，这名销售人员可能与管理者发生冲突，也可能会失去继续从事销售工作的勇气和意愿。

因此，管理者必须认识到，不断营造成就感并积极管理挫败感是提振执行者信心的关键所在。在具体项目或工作中，管理者可以通过拆解目标、设定小的胜利点、为执行者提供相关专业培训来提振执行者信心，并在执行者取得小成功后，通过及时的肯定和鼓励来帮助执行者建立并维持成就感。同时，在执行过程中任何人都难免会遭遇挫折和失败，当执行者面对挫败并表现出失落和沮丧情绪时，管理者应及时与其沟通，帮助执行者找到失败的原因，共同商讨改善方法，而不是一味地进行批评指责或讽刺挖苦。

以新产品开发工作为例，假设管理者将这项任务交给执行者，并给予六个月的时间来完成。为了增强执行者完成这项工作的信心，管理者可以与执行者一起将工作拆解为创意、概念发展和测试、产品设计、试制和测试、试销、商品化六个阶段，并安排执行者参加必要的技能培训，在每个阶段成功完成后组织小规模庆祝活动。同时，注意到执行者的有效行为或积极结果时，例如跨部门合作顺利，管理者要及时给予表扬。当执行者在执行过程中出现失误、失败或造成损失，表现出沮丧、焦虑或担忧的情绪时，管理者不要将责任全部归咎于执行者，也不要一味批评。相反，管理者应与执行者一起进行复盘，找出失败的原因，并鼓励执行者再次尝试。此外，管理者还可调动更多资源来支持执行者。通过这些措施，管理者可以让执行者的信心得以建立并始终保持。

✎ **执行锦囊：**

- 管理者在驱动执行者高效执行的过程中，为了使执行者愿意投入精力和热情，让执行者保持信心是非常重要的。

- 管理者必须重视对执行者和潜在执行者的技能培训。

- 不断营造成就感并积极管理挫败感是提振执行者信心的关键所在。

- 管理者可以通过拆解目标、设定小的胜利点、为执行者提供相关专业培训来提振执行者信心，并在执行者取得小成功后，通过及时的肯定和鼓励来帮助执行者建立并维持成就感。

- 当执行者面对挫败并表现出失落和沮丧时，管理者应及时与其沟通，帮助执行者找到失败的原因，共同商讨改善方法。

第五章

变量 F：教执行者安心

内忧外患何来高效？

第一节

『安心两仪图』

执行者及时、准确地掌握了有关项目或工作的信息，有相应的个人能力，同时也很有意愿去执行，就能够保证高效执行，确保预期结果的实现吗？

答案是"不一定"。

因为以上这些都还只是和执行者个人相关的因素。我们不能忽视的是，执行的效果并不完全取决于执行者自身的努力和意愿。外部因素的影响也是不容小觑的。在混乱、嘈杂、不友好的环境中要实现高效执行是极其困难的。这也就是我要和各位阐述的高效执行方程式的第四个变量 F：教执行者安心。这是对组织和管理者的要求，是用来确保 R（让执行者知道）、T（令执行者可以）和 F（使执行者愿意）这三个变量出现最大值的关键变量。

"安心"描述的是一种心理状态，指个体在特定情境下感到踏实、放心、舒适和安全的状态。教执行者"安心"，意味着管理者需要构建一个积极、稳定的工作环境，确保执行者在工作中不会受到不必要的干扰。同时，管理者还需要提供必要的工作资源和支持，以增强执行者面对工作挑战的信心。更进一步地，管理者需要关注执行者在工作中的情感需求，尊重他们的感受，并提供必要的支持和帮助，以让他们感受到被理解和关爱。避免让执行者产生"一个人战斗"的孤独感。

有人可能会将"安心"与我们常说的"安全感"混为一谈，实际上两者之间存在一定的区别。安全感主要指的是对可能出现的身体或心理的危险或风险的预感，以及应对这些情况时的无力感或有力感。过度的安全感可能使执行者选择逃避或退缩，这可能妨碍他们执行。而"安心"强调的是一种心理上的舒适感，是对自己和周围环境的接纳和适应，表现为内心的平静和安宁。通常，在面对生活中的不确定时，个体可以通过调整自己的心态来达到这种状态。这意味着个体不会因此放弃努力和尝试，就像背后有战友的士兵会不畏惧风险全力出击一样。因此，管理者需要努力让执行者安心。

我们的研究显示，执行者的"安心"主要源自组织和管理者的包容和支持。具体来说，积极宽容和充分接纳是实现包容的重要途径。作为管理者，要能够宽容执行者在执行过程中发生的错误，也要鼓励和欣赏执行者对于项目或工作的独特见解和实施策略。由此可见，包容的主要对象是人，但其目的是为了让人更有效地做事。

同样地，支持主要体现为提供资源和化解冲突。管理者需要及时为执行者提供他们所需要的、有助于提高执行效率和效果的关键资源。同时，管理者还需要帮助执行者及时解决在执行过程中可能遇到的与他人的冲突。由此可见，支持主要体现在具体的事务中，但也是通过人来实现的。

综上所述，包容和支持是相互交融的，彼此之间的关系类似于阴和阳的互补。只有将包容和支持都落实到位，才能让执行者感受到外界环境的友好，达到内外感知的平衡，敢于全力释放自身的能量，让执行的过程和结果达到高效。这也是我借用两仪图（见图 5-1）来总结教执行者安心的两个核心要素的原因。

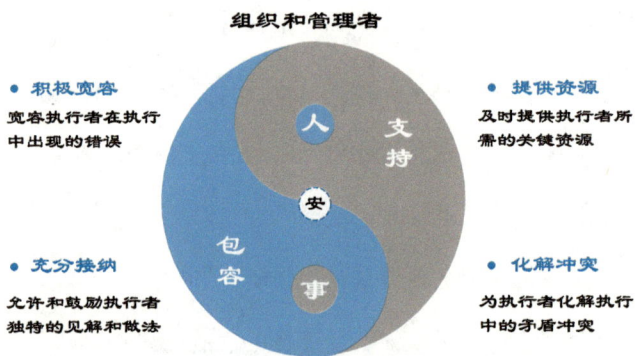

组织和管理者

- **积极宽容**
  宽容执行者在执行中出现的错误

- **充分接纳**
  允许和鼓励执行者独特的见解和做法

人

安

支持

包容

事

- **提供资源**
  及时提供执行者所需的关键资源

- **化解冲突**
  为执行者化解执行中的矛盾冲突

图 5-1　"安心两仪图"

✎ 执行锦囊：

- 在混乱、嘈杂、不友好的环境中要实现高效执行是极其困难的。

- 管理者需要构建一个积极、稳定的工作环境，确保执行者在工作中不会受到不必要的干扰。

- 管理者需要提供必要的工作资源和支持，以增强执行者面对工作挑战的信心。

- 管理者需要关注执行者在工作中的情感需求，尊重他们的感受，并提供必要的支持和帮助，以让他们感受到被理解和关爱。避免让执行者产生"一个人战斗"的孤独感。

第二节

积极宽容（错误）

包容是一个近年来受到各类组织广泛关注的话题，其概念具有很大的延展性。相较于西方世界，中国人对包容的理解更深刻且具有宽广的视野。我在博士论文《中国情境下包容型领导的探索性研究》（*Exploratory Study of Inclusive Leadership in the Chinese Context*）中详细探讨了中国人在理解包容时的见解和看法，其中一个核心观点是中国人认为管理者在实践中最重要的包容行为是宽容下属的错误。这一点与西方文化中的包容存在显著差异。

宽容错误的重要性不仅体现在理论层面，更体现在实践层面。没有人能够完全避免在执行过程中出现错误。因此，执行者往往高度重视管理者是否能够宽容下属的错误。如果管理者过于严苛或缺乏有效的宽容策略，很容易导致执行者产生"多做多错，少做少错，不做不错"的消极思想。这是任何管理者都不愿看到的。

十多年前，我以培训与发展经理的身份刚刚加入一家公司，便受命组织一次全员参与的团建活动，这是我在这家公司负责的首个"大项目"，我深感责任重大。为了确保活动的顺利进行，我提前对许多方面进行了周密的部署，并做了相应的安排，包括餐饮、住宿、活动内容以及时间安排等。在活动开始之前，我还与供应商进行了反复沟通，极力预防可能出现的问题。

然而，尽管我事无巨细地进行了准备，但在活动当晚还是出现了意外。

为了让活动更有趣味性和竞争性，我特别在同一家宾馆里选择了两类住宿条件，一类是常规的标准间，是给活动中50% 成绩较好的同事准备的，另一类是有特色的小别墅，是给活动中另外 50% 成绩略逊一筹的同事准备的。本以为这样的安排能让大家体验到别样的风情，却没想到，由于热水供应系统故障，在长达一个多小时的时间里，入住小别墅的同事（白天都很辛苦）全部无法洗热水澡，也无法饮用热水。这个突如其来的问题在员工中引起了一片哗然，他们纷纷聚集在宾馆大堂进行抱怨。当时的场面一度非常混乱，同行的公司高管对此也表达了不满，我当时也是十分狼狈。

随后，我的上级把我与其他几位部门经理召集在一起，我原以为会因此受到责备，但出乎意料的是她并没有责备我，而是了解了客观情况，并安慰我，让我不要过于紧张和担忧。她表示会带领其他经理亲自出面安抚聚集的员工，而让我立即与酒店方面交涉，解决问题。同时，她让我思考发生这种情况的原因，以及如何避免此类问题的再次出现。在她的鼓励下，我恢复了冷静，开始与酒店方面进行沟通，最终，在半个小时内解决了这个问题。

在第二天活动结束时，在酒店方面向我们公开道歉后，我也在全体同事面前承认了失误，并向大家表示深深的歉意。随后，我还从如何进行充分的工作准备的角度发表了自己反思后的看法。回到公司后，尽管我对发生的事情仍心有余悸，但却发现自己似乎"因祸得福"了——由于处理得当，反思及时，这次"危机"居然让我赢得了不少同事的正面评价。

这件事情已经过去多年，我至今仍然记忆犹新。这次经历让我深刻认识到，能够驱动团队成员高效执行的管理者要能为执行者提供一个良好的执行环境。我的上级在当时的情况下给了我包容与支持，让我能够妥善处理问题，确保了活动的顺利收官。同时，这次经历也挽回了我自己的声誉。她的包容和鼓励让我非常感激，也让我更加坚定了在工作中不断进步和成长的信心。

那么，管理者如何才能实现有效的宽容呢？从上述案例以及大量实证研究中，我总结出了一个具有实用价值的模型——INCP，如图 5-2 所示。

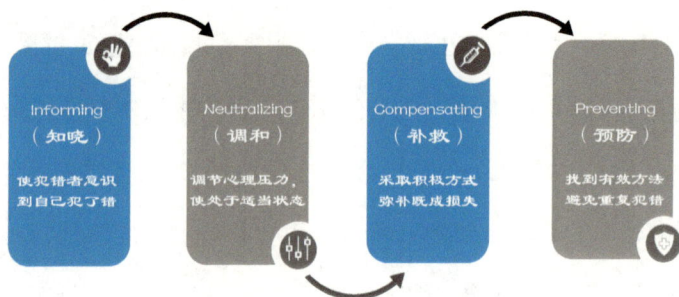

图 5-2　积极宽容 INCP 模型

Informing（知晓）是指管理者需要让犯错者清楚地了解并认识到自己的错误及其对组织、团队和个人的负面影响。管理者的宽容一定是要建立在执行者知错认错的基础上的。在此前的研究中，我曾经不止一次听到管理者认为自己宽容了下属，而下属却"毫不领情"的情况，原因就是下属根本不认为自己有错。所以，管理者有必要采取一些行动，让执行者对错误有清楚的认识。

Neutralizing（调和）是指管理者要尽力调节犯错者的心理压力。调节有两个方向，一是加重，二是减轻。如果管理者注意到下属对错误不当回事，没有任何愧疚或感到紧张，管理者需要利用包括批评在内的方式来增强他们的责任感和紧迫感，这样才会让犯错者进入积极的思考状态，迫使其找原因和想对策。反之，如果管理者注意到下属过度紧张，则需要用温和的方式来给予安慰和支持，帮助他们重建信心并减轻其心理压力。避免执行者在高压之下进入防御和自我封闭状态，那样的话，执行者会停止思考，甚至把一切交流视为对他的攻击而进行反击。

Compensating（补救）是指管理者需要采取措施努力降低错误造成的或是预计将造成的负面影响。错误大多会造成损失，宽容并不等于管理者可以牺牲组织、团队的利益，更不等于可以丧失职业操守，轻飘飘地说上一句"没关系"。所以，管理者要尽快对错误造成的损失进行挽救和弥补。实战中，大多数损失是执行者很难靠一己之力挽回的，管理者需要考虑如何最大限度地减少损失并恢复受损的关系。管理者可能需要运用自己的资源和影响力，帮助或和执行者一起去补救。

Preventing（预防）是指管理者需要采取措施来避免相同的错误再次发生。仅仅是挽回损失，对于犯错的执行者来讲是缺乏长远意义的。因为每一次犯错都是在"交学费"，要换来收获才是有意义的。所以，管理者要对执行者提出要求，请他思考如何才能在未来不出现同样的或是同类型的错误。这才是宽容的价值。值得管理者注意的是预防和补救有一个很重要的区别，即补救可以是管理者独立进行的，而预防必须由犯错者参与其中，这样才会有"交学费"后的收获。

研究表明，INCP 四类行为并没有严格的先后顺序，但管理者需要在较短的时间内实施这些行为，以实现积极的宽容。这需要管理者在处理错误的过程中保持冷静、客观，并充分考虑犯错者的情感需求和实际情况，灵活调整策略。

有些人可能会问，是否所有的错误都值得宽容？我的观点是并非所有的错误都能得到宽容。

首先，任何违反法律的行为都是不能被容忍的。法律是社会行为的底线，任何逾越这一底线的行为，例如近年来被严查和打击的收受贿赂的人员，就不属于可以被宽容的范畴。很多企业都设置了专门的合规部门或合规专员，他们的职责就是避免执行者触碰红线。

其次，和公司价值观相悖的行为也不能被宽容。如果说法律是社会行为的底线和指针，那么公司的价值观就是组织行为的底线和指针。执行者的行为与公司价值观相悖，大多数情况下都意味着他们对公司的不认同，这不仅会给公司造成经济损失，更会给公司带来严重的名誉损失。

最后，那些出于自私或损害他人利益的目的而犯下的错误也不应该被宽容。为什么会做错事？是出于好意但办成了坏事，还是从一开始就心怀恶意？这有质的差别。如果管理者确认执行者在做出某种行为之前就以个人利益最大化为目的，丝毫不顾及或是不惜损害组织、团队、他人利益的话，这种行为是不应该被宽容的。即出发点是损人利己或损公肥私的错误不能被宽容。

上述三条是宽容的底线，是不能被触碰的。逾越这些底线的行为表明执行者眼中缺乏对职业道德、操守及法律的敬畏之心，是不能被管理者容忍的。

✎ **执行锦囊:**

- 如果管理者过于严苛或缺乏有效的宽容策略,很容易导致执行者产生"多做多错,少做少错,不做不错"的消极思想,甚至停止主动执行。这是任何管理者都不愿看到的。

- 能够驱动团队成员高效执行的领导者要能为执行者提供一个良好的执行环境。

- 管理者要学会使用积极宽容的 INCP 模式。

- INCP 四类行为并没有严格的先后顺序,但管理者需要在较短的时间内实施这些行为,以实现积极的宽容。这需要管理者在处理错误的过程中保持冷静、客观,并充分考虑到犯错者的情感需求和实际情况,灵活调整策略。

第三节

充分接纳（不同）

接纳不同是包容的另一种体现方式，研究发现，它的受重视程度仅次于宽容错误。在西方文献中，包容更多地体现在这个方面。为了提高执行效率，管理者必须接纳不同的意见和观点，这是新时代对管理者提出的要求。或许是因为执行者自身的认知能力和学识水平在不断提高，也或许是因为越来越多的工具可以帮助执行者，管理者在专业能力和信息方面的优势正在不断减弱。因此，只有充分接纳执行者的不同想法和观点，管理者才有可能更进一步激发他们的执行动力和意愿。如果管理者习惯于站在制高点上指挥执行者，专横地要求执行者必须按照自己的想法和要求去做、去思考，可能会引发执行者对管理者的反感，甚至引发彼此间的冲突。

虽然有些管理者自诩能够充分接纳不同，但事实上，执行者们却经常抱怨管理者刚愎自用、只会强势地推动自己的想法，所谓的听取执行者的不同声音更像在走过场或表演。因此，管理者必须对自己的言行进行认真的反思，确认是否真的做到了接纳不同。

在对一些"接纳不同"做得特别到位及做得很不理想的

管理者进行研究后，我整理了四个相关要点。希望管理者在实践中尽可能避免。

作为管理者，要尽量避免以下想法和行为，以免让执行者觉得你并不愿意接纳不同。

首先，作为管理者，要避免拒绝听取他人的建议和意见。即使时间的确紧张或对方确实没有自己了解情况，也不能忽视他人的建议。有不少管理者常常表现出过度的自我认同和自信，认为自己的见解和想法是无可替代的，容不得他人的质疑和讨论。然而，在执行过程中，执行者常常会遇到很多实际问题，他们的建议往往对高效执行有着积极的影响。同时，即使执行者的建议本身并不成熟，允许表达和分享也能激发他们的积极性和参与感。

其次，管理者也要避免将他人的"不同意见"视为对自己的否定和挑战。一些管理者会因为别人提出与自己不同的观点而感到被冒犯，认为这是对自己的不尊重，从而进行反驳。由于管理者通常拥有更大的权势，执行者往往会因此选择保持沉默，这样就会失去"接纳不同"的可能性。我见过一些管理者在制订了执行计划和方案后，只要执行者提出不同的观点，就会立即进入"攻击模式"，轻则进行自我辩护，重则利用权力对"异议者"进行打压。这种做法可能导致管理者失去获取宝贵的修改建议、规避风险或提升效率的机会。

再次，管理者还要避免因为提出"不同意见"者的某些特点而忽视他们的声音。这种现象通常是一种认知偏误，被称为晕轮效应，即根据对一个人的某些特定的印象，推断出该人其他方面的特征。例如，管理者可能会因为某位提出异议者在执行过程中缺乏激情，或者喜欢讲怪话、发牢骚，而否定他的声音。这样做不仅会阻止这些有特点的执行者继续思考和表达，还可能导致其他人认为管理者缺乏包容心。

最后，管理者要尽量避免经常把"我更有经验"或"我懂的比你多"之类的话挂在嘴边。有这种行为的管理者表现出来的是过度的自我肯定和自信，但从本质上来说可能反而是不自信的体现，因为这类人总是希望得到他人的认可。然而，当管理者不断这样表达的时候，可能会导致执行者的误解，认为管理者是在告诉自己不要提出任何不同的想法。管理者这样的做法可能会不经意间对执行者形成压迫感，使得他们即使有有价值的"不同意见"也不会表达出来。

接下来，我们来探讨一下管理者应该展现的行为，这些行为能够让执行者感受到管理者对"接纳不同"的重视，激发他们思考的积极性，提升他们交换意见的意愿，从而提升执行效率。

第一，管理者应积极询问并探究执行者的不同意见。这种询问并非为了"没事找事"或是做表面文章，而是基于"思考不可能完美无缺"的前提，鼓励执行者表达不同观点。这既有助于管理者获得更多的思考角度，也能激励执行者深度参与，同时也能防范潜在风险或找到更高效的执行方法。

第二，管理者应鼓励执行者对自己的见解和想法进行质疑。这不仅是管理者自信的表现，更是开放的体现。通过鼓励执行者对观点进行质疑，管理者能够创造一种适宜的交流氛围，使执行者更愿意与管理层进行深度交流。这样做不仅提升了执行效率，还能进一步增强管理者的权威性。

第三，管理者应培养执行者的批判性思维能力和习惯。这不仅能够帮助他们提出不同观点，还可以避免盲从。"领导说的都是对的"，拥有这种想法的执行者是很难实现高效执行的。但有时执行者的确有心无力，管理者要为他们积极地赋能，才有可能让有价值的"不同意见"出现。

第四，管理者应将已达成共识的"异见"在执行过程中体现出来。当执行者提出建议并得到认同后，管理者应将这种共识转化为实际行动。否则，执行者可能会认为管理者的承诺只是空话，从而影响他们后续的参与和贡献。我记得在一个咨询项目中，一名项目经理收到了项目专员关于使用新统计工具的建议。经过讨论，项目经理认可了这种工具，并投资购置了新工具。同时，项目经理还要求所有项目成员都要学习和使用新工具。这一行动对提出建议的项目专员产生了积极影响，也激励了其他项目团队成员积极思考，此后为项目的高效达成提供了许多有效建议，使项目得以提前且高质量地顺利完成。

✎ **执行锦囊：**

- 只有充分接纳执行者的不同想法和观点，才有可能更进一步激发他们的执行动力和意愿。

- 管理者应积极询问并探究执行者的不同意见。

- 管理者应鼓励执行者对自己的见解和想法进行质疑。

- 管理者应培养执行者批判性思维的能力和习惯。

- 管理者应将已达成共识的"异见"在执行过程中体现出来。

第四节

提供资源

想要执行者高效执行，管理者的支持是必不可少的，这也是绝大多数执行者最为在意的。支持的重要体现之一是管理者及时为执行者提供资源。资源是一个宽泛的概念，通常包括人力、物力、财力、时间、信息等。

人力资源支持指的不仅仅是要配备足够多的执行人员，更重要的是管理者应该确保执行者的个人能力和意愿能够匹配任务的需求（在本书的第三章和第四章有详细的阐述）。同时，管理者还应该关注员工的心理状态，提供必要的心理咨询和支持。物力资源包括工具、设备、场地等物质条件。管理者应该确保这些资源能够满足执行者的需求，并定时进行维护和更新。财力资源是指资金，管理者应该确保预算是合理的，资金能够在需要时及时到位。时间资源是指管理者应该给予执行者充足的时间来完成任务，并尽可能地减少任务之间的冲突和重叠，避免任务相互影响。信息资源指的是管理者应该确保信息的畅通，及时提供相关的数据和情报，并确保信息的准确性和及时性（在本书第二章已经做了详细的阐述）。

对于保障高效执行而言，管理者千万不要忘记，最有效、最重要和最直接的资源就是自己！因此在项目或工作的执行过程中，管理者要保持关注和观察，在执行者需要的时候及时挺身而出。

以上我们讨论了管理者可以为执行者提供的一系列资源，包括人力、物力、财力、时间和信息等。在具体的实践中，为了让资源支持更加有效，管理者还需要注意以下几个问题。

首先，管理者需要关注并尊重执行者的需求，按需供给。每个执行者都有其独特的技能和经验，管理者需要了解他们的需求，才能提供最合适的资源支持。比如，如果一个执行者需要更多的专业培训，管理者就应该提供相应的培训资源；如果一个执行者需要更多的时间和精力来完成任务，管理者就应该协调资源，为其提供更多的支持和帮助。要避免出现自作多情式的资源支持，即无论对方是否需要，都一股脑儿塞给对方，既浪费资源，更容易让执行者无所适从。

其次，管理者需要做到真正的换位思考，发现执行中的关键需要。在执行过程中，管理者需要深入了解执行者的处境和需求，从而提供最恰当的资源支持。换位思考并不是嘴上说得那么简单，大多数的换位思考都不过是"搬着凳子换位子"而已。比如，在公司工作了十多年的经理注意到新入职的助理去别的部门拿数据效率总是很低时，就想当然地认为是助理没有持续跟进，认为只要不断去催促就能够提高效率。但事实上，经理可能忽略了助理的职务和他对公司内部人员的熟悉度，如果他不断去催促对方，会让对方感到很烦躁，并有可能因此拒绝和助理沟通，甚至对今后的合作造成负面影响。高频沟通就能够得到反馈这是经理基于自己的职务权力和在公司里的人际关系得出来的结论，但这些条件助理都是不具备的。在这个案例中真正的换位思考是经理抛开自己的职务权力和人际关系，把自己当做新入职的不被人熟悉的助理来思考，这样才能真正体会到助理的难处并提供有效的支持。比如，亲自带着助理去和相关部门做一次沟通，也可以组织一次跨部门的活动，让自己的助理和可能合作的部门都有一个充分的接触，与对接人建立良好的人际关系。

再次，当有多个执行者时，资源分配要明确，避免浪费。如果有多个执行者需要使用同一资源，管理者需要通过协调和规划，明确资源分配方案，避免资源浪费和执行者之间因此发生冲突。比如，多个执行者都需要使用同一设备或场地时，管理者就需要制定合理的分配方案，确保资源的充分利用和所有执行者的任务都能顺利完成。

最后，管理者需要积极分享执行者不具备但自己掌握的资源。作为一个管理者，需要积极分享自己掌握的资源。比如，管理者可以定期组织内部培训和分享会，将自己在管理和实践中的经验和知识分享给执行者。这样可以提升他们的能力和对公司文化的认同，同时也可以增强团队的凝聚力和合作精神。

以上所述都是管理者在为执行者提供资源支持时需要注意的问题。通过关注并尊重执行者的需求、做到真正的换位思考、明确资源分配方案以及积极分享自己掌握的资源等方式，管理者可以为执行者提供更加有效的资源支持，从而确保高效执行和最终的成功。

执行锦囊：

- 想要实现高效执行，来自管理者的支持是必不可少的，这也是绝大多数执行者最为在意的。
- 管理者需要关注并尊重执行者的需求，按需供给。
- 管理者需要做到真正的换位思考，发现执行中的关键需要。
- 当有多个执行者时，资源分配要明确，避免浪费。
- 管理者需要积极分享执行者不具备但自己掌握的资源。

第五节

化解冲突

　　除了提供资源支持，为确保执行环境的健康和友好，管理者在必要时还需要帮助执行者化解冲突，尤其是那些对执行者具有挑战性、棘手且会阻碍执行的破坏性冲突。

　　在组织中，冲突可以分为建设性冲突和破坏性冲突两类。建设性冲突能够促进积极的交流，帮助发现并改善组织的不足之处，提高项目或工作的效率，而不会导致冲突各方相互攻击。为了促进组织的发展，管理层有时会刻意激发此类冲突，例如主动收集不同意见、抛出争议性话题进行辩论或召开专题讨论会等。

　　然而，破坏性冲突会导致各方更加关注自身利益，忽视他人感受，不仅无助于改善组织缺失，还会破坏组织内部平衡，降低项目或工作的效率，加剧人际矛盾。如果控制不当，可能会升级为争吵，甚至人身攻击，对高效执行产生负面影响。

　　在具体项目或工作执行过程中，执行者可能因为自身疏忽或项目特点而使利益相关方（如客户、项目涉及的部门、协作部门的同事等）产生负面感受，进而采取不配合、阻挠、投诉等行为，导致破坏性冲突的发生。例如，财务部门最近制定了一套新的报销制度，经理要求财务专员向各部门进行宣贯并在一个月后正式实施。然而，销售部门认为新制度会延长他们拿回垫支款项的时间。在财务专员进行宣讲时，销售部门人员在现场发表不满言论，提出刁钻古怪的问题，让财务专员感到尴尬和难以应对。

当管理者意识到或注意到破坏性冲突即将或已经发生时，他们需要及时有效地进行干预，以协助执行者预防或化解破坏性冲突。为了实现这一目标，管理者需要遵循两大原则。

第一个原则是避免冲突扩散和升级。首先，研究表明，为了化解破坏性冲突，管理者需要谨慎使用舆论工具，尽量避免将冲突公开化。让更多人知道冲突，有时候只会使冲突更加难以化解。因为冲突各方都不希望自己在对方面前成为只能让步的"弱者"。其次，管理者必须认识到人际冲突是最难化解的，因此不要轻易将冲突的原因定义为执行者与另一个人的矛盾，而是要尽可能将冲突定义为事与事或行为与行为之间的矛盾。例如，在上述例子中，应将冲突的原因归结为新报销制度中对业务人员的行为要求和业务人员开展业务工作的某种习惯性行为之间的冲突，而不是业务人员和财务专员之间的冲突。再次，管理者应避免成为冲突的当事人，即不要亲自参与争论。亲自参与看似在"力挺"执行者，但实际上，由于你被视为冲突的一方，因此你提出的解决方案可能会被对方视为有失偏颇。最后，管理者要尽量避免向上级主管提交冲突，即所谓的升级处理。作为管理者，如果你只能通过升级来化解下属面临的冲突，不仅可能因为事发突然导致上级主管也无法在短时间内给出合理的解决方案，让上级尴尬，还可能因为上级主管的出色表现让执行者认为你没有什么存在的意义，今后更愿意选择越级沟通。

第二个原则是力求让执行者成长。管理者在提供支持，化解冲突的过程中，特别是不断化解同类型冲突的情况下，应该让执行者有所成长，使其在实践中掌握化解此类冲突的方法和工具。具体而言，需要做到四点。首先，不要指责执行者无能。有些管理者会对陷入冲突的执行者感到不满，认为他会影响执行效率，从而对其进行指责和批评。这种做法会让执行者倍感压力。通常，冲突并不是执行者刻意制造的，他们也是"受害者"，所以管理者首先要体现的是宽慰而不是指责，更不能用过分的言语进行人身攻击。其次，要和执行者一起讨论冲突的起因。为了有效化解冲突，分析起因非常关键。为了帮助执行者成长，管理者需要与他们一起结合客观事实进行分析，并将分析的方法教授给执行者。再次，要和执行者一起思考化解冲突的对策。这也是培养执行者解决问题能力的有效方式。管理者不要急于给出自己的方案，而是要更多地启发执行者进行思考。最后，要尽量让执行者开展化解冲突的行动。这是验证解决方案的最重要的行为。只有亲身经历过才能总结经验教训，所以管理者要把这个机会留给执行者，让他们在实践中逐步成长。

在把握原则的基础上，管理者可以为化解破坏性冲突提供更多直接的支持。以下是支持过程中的八个要点。

第一，以同理心对待执行者，尤其是其情绪波动时。在冲突发生时，执行者的情绪往往比较激动，管理者需要理解执行者，以同理心对待他们。避免使用权力要求执行者控制情绪，或采取火上浇油的方式。同时，管理者自己需要保持冷静，这样才能引导执行者分析冲突的成因，并找到合适的策略来化解冲突。以上文提到的那个财务专员和业务人员在新制度宣贯会议上发生冲突为例。出现了这样的情况，大概率财务专员会向财务经理汇报和抱怨，这是非常正常的情绪宣泄。此时，财务经理要以同理心对待财务专员，允许她抱怨和发泄，以倾听为主，让她感受到自己对她的理解。要避免运用职权对她的情绪进行抑制，说"作为专业的财务人员，你要学会控制自己的情绪"或"作为公司员工，你要明白业务人员的重要性，不能用这样的方式来抱怨他们"这样的话。这样说不但无法缓解财务专员的不满情绪，反而可能进一步加深她对业务部门甚至财务经理的不满，为今后的合作留下隐患。

第二，延迟行动，让子弹飞一会儿。管理者一定不要急着采取行动。曾经，我的一个下属在执行我安排的工作时与另一个部门的同事发生了冲突，她向我诉说了冲突经过和对执行造成的影响。我听完她的叙述后立即拿起电话给对方的主管打过去，结果对方的主管反问了我一些问题，由于我没有仔细了解和思考，一时无法有效回应。导致对方主管也向我表达了不满的情绪，我们在电话中也发生了冲突，一度气氛很尴尬。事实上，这对于项目的推进没有任何好处，我的员工也对我的处理方式表示了质疑，让我很有一种里外不是人的感觉。我事后反思，认为正确的处理方式应该是暂时不采取行动，让双方都有时间冷静思考。缓解情绪，有利于化解冲突。

第三，控制舆论，不扩散。这是"避免冲突扩散和升级"原则的体现。冲突发生后，管理者需要控制好舆论。避免问题扩大化引起不必要的误解。控制舆论，可以为沟通和解释赢得时间，减少误解，有利于化解冲突。在职场中，想通过让更多人知道冲突，给冲突另一方施加压力，并试图让大家来"评理"的做法是非常不明智的。除非你认为这个冲突是和底线相关的，或打算撕破脸今后不再合作，否则只会得到两败俱伤的结果。弄得不巧，自己还会成为他人口中"小题大做"或"得理不饶人"的人。而且舆论一旦扩散，积极化解冲突的可能性也将变得极小。绝大多数情况下，冲突双方都很难说谁是绝对正确的，只是站在不同的立场上审视问题而已。

第四，用事与事、行为与行为的矛盾替代人际矛盾。如前所述，人际矛盾是最难化解的，尤其是已经有了对某人的成见时。为了避免矛盾升级，也为了有效化解冲突，管理者可以采取用事与事、行为与行为的矛盾替代人际矛盾的策略。将焦点从个人之间的矛盾转移到具体的事情或行为上，双方可以更加客观地分析问题，有利于化解冲突。事实上，很多时候执行中的冲突源于执行者要做的事情和利益相关者习惯的做事方法或是要做的事情之间本身存在矛盾，而不是执行者和利益相关者个人之间有矛盾。管理者一定要努力将冲突的原因转移到事与事、行为与行为上。这一点，在上文的原则一中也有详细的说明。

第五，引导执行者找到化解冲突的方法。正如在力求让执行者成长的原则中所说，管理者需要积极引导执行者自己找到化解冲突的方式。结合找到的冲突起因，管理者可以通过倾听和提问，运用启发式教练的方式来引导执行者寻找化解方法。关于启发式教练的应用，您可以参考本书第三章第三节的内容。

第六，鼓励执行者自己行动并予以表扬。正如力求让执行者成长的原则中所说，管理者要尽量让执行者自己去实施化解冲突的行动，这是培养他们的有效方法。同时，管理者需要给予执行者及时的表扬和鼓励，这可以激发执行者的积极性和自信心，有利于化解冲突。同样，在上文提到的财务专员和业务人员在新制度宣贯会议上发生冲突的案例中，财务经理应该鼓励财务专员自己实施化解冲突的行动，如找当时提出异议的业务人员沟通。

第七，找出那些对冲突有影响力但执行者难以触达的人，对他们进行影响，借力缓和或化解冲突。有些冲突的化解难度比较大，可能需要借助更有影响力的人，比如更高级别的管理者或是冲突另一方尊敬的人。此时，管理者需要亲自出面，帮助执行者和那些有影响力的人进行沟通，这方面执行者可能是有心无力的。在上文提到的财务专员和业务人员在新制度宣贯会议上发生冲突的案例中，如果财务经理认为销售经理的介入对于冲突的化解是有明显帮助的，而财务专员又很难和销售经理进行直接对话，可以自己出面与销售经理沟通。

第八，如果自己介入，要想好下一步，降低对执行者造成负面影响的可能性。为了有效化解冲突，管理者也可能需要在某些情况下亲自介入。为了避免自己介入后造成对执行者的负面影响，比如对方可能会认为执行者是在告状或是利用管理者的权力压制他。所以，管理者需要考虑好下一步的行动计划并与执行者充分沟通和解释，增强他们对解决方案的信任和支持。事实上，如果财务经理找了销售经理或者直接和业务人员沟通了，那么他就已经介入了。此时，财务经理要想好接下去的行动，要避免让业务人员认为自己是在"仗势欺人"。

以上八个要点是管理者在冲突发生后提供支持时需要特别注意的。管理者应该有未雨绸缪的意识，采取一切有效的行动，尽量降低破坏性冲突发生的可能性。为此，有三件事是很值得管理者去做的。

首先是预判执行中的冲突点，并提醒执行者保持敏感。我们注意到，大多数冲突和利益、工作量、存在感以及成就感相关。因此，管理者应在执行者开始推进项目或工作前，凭借自己的经验找到可能涉及的利益相关者（部门或个人），并分析本项目或工作是否会对他们的利益造成损害、增加他们的工作量、削弱他们的存在感或让他们难以从所做的事情中获得成就感。

其次是基于关键的冲突点，做好备选方案。对于那些影响重大的项目或工作，管理者应基于上述分析出的冲突点，找出那些可能成为瓶颈的环节，并制定备选执行方案。这样一来，一旦目前的执行方案无法推进，还有替代方案，以避免强行推进造成严重的冲突

最后是要找出那些对执行有影响力、且执行者难以触达的人，对他们进行影响，降低冲突发生的可能性。这也是一种未雨绸缪的方式。先找到对项目或工作的执行有影响力的人，帮助执行者先做一些沟通工作，避免在执行过程中他们带头给执行者造成阻碍。同时，也可以在冲突无可避免地发生时，能够有一些人帮助执行者化解冲突。例如，在工厂里推进某种工艺革新项目时，工人们可能会因为工作习惯被改变而和项目组发生冲突。管理者可以提前和车间里的老师傅进行沟通，并取得他们对新工艺的认可和愿意提供支持的承诺。这样在项目内容发布时，一旦有工人表示不满，老师傅就可以成为项目组的合作伙伴，利用他们在厂里、车间里特有的影响力化解冲突，甚至直接推进新工艺项目。

✏️ **执行锦囊：**

- 管理者在必要时还需要帮助执行者化解冲突，尤其是那些对执行者具有挑战性、棘手且会阻碍执行的破坏性冲突。

- 以同理心对待执行者，尤其是其情绪波动时。

- 延迟行动，让子弹飞一会儿。

- 控制舆论，不扩散。

- 用事与事、行为与行为的矛盾替代人际矛盾。

- 引导执行者找到化解冲突的方法。

- 鼓励执行者自己行动并对此予以表扬。

- 找出那些对冲突有影响力但执行者难以触达的人，对他们进行影响，借力缓和或化解冲突。

- 如果自己介入，要想好下一步，降低对执行者造成负面影响的可能性。

第六章

高效执行二十问

纸上得来终觉浅，绝知此事要躬行。

在全面了解高效执行方程式之后，作为管理者，我们需要将其应用到实际工作中，才能真正发挥其作用。为了帮助管理者更好地实现这一目标，我特别为管理者们设计了"高效执行二十问"，旨在引领各位管理者进行深入思考并采取有效的行动。

在回答这些问题时，您需要结合实际项目或工作，以及您面对的执行者、外部环境，还有您自身的特点认真思考并明确作答。这可以帮助您制定出合理有效的策略，之后通过与执行者沟通、准备资源或制定备选方案等方式来保障执行者的高效执行。毫无疑问，只有付诸行动，才能带来实质性的高效及其成果。

1. 执行者需要实现的符合 ASMART 原则的项目或工作的目标是什么？

2. 此项目或工作的目的是什么？（请结合组织的长期战略或中短期发展规划思考）

3. 此项目或工作有什么意义？（请结合组织的使命、愿景和执行者个人的追求、理想思考）

4. 执行此项目或工作需要运用哪些方法？（包括路径、流程、工具、资源等）

5. 此项目或工作在执行过程中可能出现哪些不确定性？一旦出现，如何应对？

6. 作为管理者，我在确保变量 R（让执行者知道）最优化的过程中，需要在什么时候、对谁、具体做什么？可能因此遇到哪些挑战？如何应对？

7. 执行者曾经参与过哪些项目或工作，相关的经验、教训对此项目或工作的执行有什么价值？

8. 执行此项目或工作需要具备哪些专业技能？执行者当前是否具备这些技能？如果具备，水平如何？我要怎么做才能确保执行者具备和不断提升这些技能？

9. 执行者拥有哪些对完成此项目或工作有价值的资源？我要怎么做才能更好地帮助执行者激活这些资源？

10. 此项目或工作在执行过程中可能会出现哪些变化？执行者是否能够积极应对这些变化？我要做些什么来帮助执行者提高对变化的敏感度并让执行者积极看待和应对变化？

11. 作为管理者，我在确保变量 T（令执行者可以）最优化的过程中，需要在什么时候、对谁、具体做什么？可能因此遇到哪些挑战？如何应对？

12. 执行者愿意执行项目或工作的动机可能是什么？（可从利害心、成就心、权力心、好奇心的角度进行思考和分析）我要怎么做才能让执行者认为他的需求可以得到满足？

13. 我应该如何获得执行者完成此项目或工作的外在承诺？我要怎么做才能激发执行者的内在承诺？

14. 分析目前执行者对此项目或工作的信心水平：□爆棚　□足够　□不足　□没有；为了使执行者信心至少达到并维系在足够完成项目或工作的水平，我应该做些什么？

15. 作为管理者，我在确保变量 E（使执行者愿意）最优化的过程中，需要在什么时候、对谁、具体做什么？可能因此遇到哪些挑战？如何应对？

16. 在执行此项目或工作的过程中，执行者的哪些错误是我不能或不应该宽容的？

17. 在执行此项目或工作的过程中，执行者可能在哪些方面和我的见解或做法不一致？其中哪些是我必须坚持己见并纠正执行者的？

18. 执行此项目或工作所需的关键资源是什么？哪些是执行者难以自行获得但我可以提供的？

19. 执行此项目或工作可能对哪些其他部门或个人造成影响并引发冲突？为了避免发生此类冲突，我应该做些什么？一旦发生冲突，我又该做些什么来协助执行者？

20. 作为管理者，我在确保变量 F（教执行者安心）最优化的过程中，需要在什么时候、对谁、具体做什么？可能因此遇到哪些挑战？如何应对？

✎ 执行锦囊：

- 在全面了解高效执行方程式之后，管理者需要将其应用到实际工作中，才能真正发挥其作用。

- 管理者需要结合实际项目或工作，以及面对的执行者、外部环境，还有自身的特点认真思考并明确作答。

- 只有通过行动，才能带来实质性的高效及其成果。

进一步的思考

在深入思考之后，我们可以自豪地说，论执行力，我们中国人绝对可以挺直腰板，自信地说"舍我其谁"！作为"70后"的一代人，我和我的父辈以及同龄人都亲眼见证了祖国从物质匮乏、技术落后、硬件简陋到如今的物资充裕、技术先进、硬件完备的过程。我们也都目睹了当面对洪水、雪灾、地震、疫情等巨大的天灾时，我们中国人如何饱含智慧地进行抗争。灾后，我们不仅能在最短的时间内恢复生活和生产，甚至能够将坏事转变为好事，让家园更加美丽，生活更加幸福。

毫无疑问，这一切都是中国人执行力强大的明证。因此，我们中国人绝对不缺乏高效执行的基因，绝大多数人也不缺乏高效执行的意识。然而，在一些组织中，团队执行力仍然受到质疑。这主要是因为在快速发展的过程中，管理人员缺少一些能够驱动团队高效执行的行之有效的思路和方法。

高效执行方程式结合了中国人的特点以及组织发展的实践，为管理者提供了一种新的思路和工具，旨在充分激发我们中国人潜在的高执行力。

作为研究者、实践者，我在自己的公司和团队中不断尝试运用这个模型，体会它的价值，发现可能存在的问题。我坚信，只有亲身实践，我们才能体验和了解事物的本质，所研究和开发出来的工具才会更具实战效用。

尽管我对这个模型进行了审慎的思考、分析和亲自实践，并且这个模型也在很多行业的很多企业中取得了明显的实战效果。但我知道，它依然不会是放之四海而皆准的。而且，随着数字化时代的深入发展，人们的生活和生产方式不断改变，执行者的特点也会随之发生变化。因此，想要持续确保执行的效率和效果，我们必须持续地观察和研究，不断更新迭代我们的理论和方法。

期待亲爱的读者朋友给我们更多的反馈，无论是意见还是建议，我们都会认真对待，您的反馈对提升管理者驱动团队高效执行这个话题意义重大。

｜致　谢｜

这是我写的第二本书，与 2017 年出版的第一本书《企业内部培训师的 44 道必答题》相比，这本书的成稿速度更快。这不仅是因为我个人在经验、能力和意愿方面更加游刃有余，更得益于众多支持者和协作者的鼎力相助。在此，我必须向他们致以最诚挚的谢意！

首先，我要向钧启领导力研习社曾经和现在的小伙伴吴维骏、王滢芝、许艺淋、赵亦天、张乔生、王骏、杨名、陆诗怡、孔令仁、杨嘉玲、邬诗韵和毛楚贤表达谢意，他们在不同时期为本书的完成做出了重大的贡献。吴维骏为模型的建立和升级提供了重要的见解，并和我一起打造了方程式的

第一版培训课程；王滢芝、赵亦天不仅参与了模型的升级，内容的丰富，更承担了与出版社的沟通重任；许艺淋在方程式课程实施过程中对内容完善提供了极具建设性的建议，且对初稿进行了逐字逐句的审校；张乔生则为高效执行方程式的前身——执行力之轮的完善提供了持续的支持，这也是方程式得以迭代的重要保障……如果不是伙伴们不断建议和建言，如果没有他们的应用反馈，高效执行方程式就不会诞生。他们作为钧启的一员，事实上也是高效执行方程式的真实体验者，使我在构建、完善模型以及写作时有了更多的真情实感和源自现实的经验教训。

其次，我要向我曾经任职过的企业的优秀的管理者表示感谢，他们有曹格非先生、黄华瑶先生、冯克琳女士、蔡海涛先生、王宇侠先生、朱镇豪先生、冯建军先生、于勇先生、Mr.Webie、陆华女士和于铁成先生，他们中有些曾是我的上级，有些则是我心目中的职场领袖。我对他们的认识都来自亲眼所见、亲耳所闻，都是我的切身的体会，他们的管理水平和领导力都给我留下了深刻的印象，他们麾下成员的执行力和凝聚力更是有口皆碑。他们或许不曾名扬天下，但他们给了我灵感和方向。毫无疑问，他们都是我的导师，在高效执行方程式中，很多方面都有他们的影子。尤其是黄华瑶先生、冯克琳女士和陆华女士，我一直记得他们如何向我传授经验、为我赋能，对我包容和支持，使我得以在工作中充分释放能量，取得成绩，快速成长。

我必须感谢那些信任我和钧启，接受并认可我们提供的培训和咨询服务的企业家、高管、培训负责人和咨询行业的伙伴们，他们有曹流、李莹、陈方旭、李嘉、张翎、刘张莹、任咏、赵丽华、李婧、朱琼等。在为来自各行各业的管理者们提供服务的过程中，我能收集很多实战反馈，使我的思考更加深入，构建的模型、书写的文字更贴近现实，具有实用性和指导意义，这是我敢于通过文字把它呈现出来的重要原因。事实上，如果没有他们的参与，本书的内容恐怕只是毫无价值的纸上谈兵。

同时，我还要感谢钧启领导力智库的专家们。他们既是富有钻研精神的海内外知名院校的精英，也是现实中的企业家和高管，他们拥有丰富的实战经验和深厚的学术功底。在构建方程式和写作本书的过程中，他们给了我许多中肯的建议和宝贵的意见。他们的专业知识和独特视角为我的创作提供了支持和帮助。

当然，我也要感谢那些在本书出版过程中给予帮助的编辑和相关工作人员。他们的辛勤工作和专业指导使我的书稿得以顺利出版。他们提出了许多宝贵的建议和意见，使我的书稿更加完善和符合出版标准。

最后，我要感谢我的家人。家人的支持才让我获得了充分的时间进行思考和创作，在我忙于工作和创作的日子里，他们的理解和支持是我最坚实的后盾。

通过这次写作，我再次收获了知识和经验，更收获了成长和感悟。相信这将成为我未来创作的又一个动力之源。我更希望这本书能够给予亲爱的读者朋友们一些启示和帮助，使你们在领导力提升和驱动执行方面更加高效、更加卓越。

然而，即便是经过了反复思索和细心打磨，这本书依然会有很多不足之处。真心期待和欢迎每一位朋友对本书的内容给予批评指正，您可以直接发邮件到我的电子邮箱：

bilei@junlead.com 我一定会耐心倾听您的声音，认真思考并不断改善。

毕磊

2023 年 11 月于上海